スピリチュアル・カウンセラーからの提言

いのちが危ない！

江原啓之

集英社文庫

はじめに

この『いのちが危ない！』という本は、実は数年前より私が書きたいと願っていたものでした。どんどん増加していく自殺を、何とかくいとめたいと思ったからです。

十七年の間（二〇〇五年現在）スピリチュアル・カウンセリングをしてきた私は、自殺を願う数多くの相談者にも出会ってきました。そのような相談者と接してきてわかったのは、自殺を覚悟しつつある人に向かって「死んではいけない」とただ説得しても、通り過ぎる虚《むな》しいだけの言葉でしかないのだということでした。なぜなら自殺を願う人は、当然ながらなかなか幸せを実感することができない人であり、自殺が決してよいことではないことも重々理解しているからです。それでも死ななければならない悲しみがあるのです。その悲しみを乗り越えない限り、自殺をくいとめることはできないのだと実感しました。

自殺志願者の悩みは千差万別ですが、共通しているのは、孤独を抱えていることです。「誰にも理解されない」「誰からも必要とされない」と、みずからの心の闇《やみ》の中に閉じこもってしまっているのです。私が接してきた相談者たちは、異口同音《いくどうおん》に「自分には生きている価値がない」と言いました。では「生きる価値」とはいったいなんなのでしょう。

前著『子どもが危ない！』で訴えたように、現代は物質主義的価値観を至上とする世であり、人は目に見えることのみに心をとらわれがちです。人生の成功を物質中心に考えるのです。そこに「たましい」の視点はありません。良い学校を出て、大きな会社に就職し、理想の人と結婚し、立派な家に住み、衆望《しゅうぼう》を集め、豊かな財産に恵まれ、誉《ほま》れ高き勲章を得ることが、価値のある人生だと信じているのです。何も疑うことなく、みながこぞって物質主義的価値観の虜《とりこ》となって、その理想に向かって生きているのです。

しかしスピリチュアルな視点では、それらは真実の「生きる価値」ではありません。大切なのは「どれだけの経験と感動をなしえたか」ということなのです。物質はいつか失われます。しかし、人それぞれの心に刻まれた経験と感動は、どのようなことがあっても決して失われることなく、何人《なんぴと》にも奪われないのです。

物質を得ることが悪いということでは決してありません。ただ、物質を得るのはあくまでも結果であり、大切なのはその過程だと言いたいのです。経験と感動の積み重ねこそが、人間を大きくするものなのです。それなのに物質のみが「生きる価値」だと思い込んでしまえば、誰にでもある挫折《ざせつ》を受《う》け容《い》れがたくなり、自分の人生を失敗と感じてしまいます。

経験と感動の積み重ねこそ「生きる価値」であるというたましいの視点に立てば、人生に「失敗」と呼べるものは何ひとつなくなります。経験と感動をたくさん味わいながら寿命まで生き抜けば、それは人生の「成功」なのです。ですから、人生とは「価値があるから生きる」のではなく「生き抜くことに価値がある」のです。

最近では、たましいの視点から書かれた本が、私の著書を含め、数多く出版されています。そして多くの人々に受け容れられています。しかしその分、「精神世界がもてはやされればされるほど、現実逃避や死への憧《あこが》れが助長されてしまうのでは」といった心配の声も多くなっています。それは大きな間違いです。霊的な真理を正しく得ていれば、そのような誤解は生じないはずなのです。「人はなぜ生まれ、なぜ生きるのか。死後の生とはいかなることなのか。そして人はいかに生きるべきなのか」の真実を、正しく学べばこそ、本当の幸せとは何かを理解でき、決して逃避することのない前向きな人生を歩めるはずなのです。そのような精神的価値観の視点に立って初めて、「生きる希望」がもてるのです。

そしてもうひとつ大切なのは、愛の力です。人はみな愛なしには生きられません。しかし現代は、孤独が蔓延《まんえん》しています。物質主義的価値観のうえでは、目に見える価値がなければ「落ちこぼれ」「無用物」の烙印《らくいん》を押されてしまうからです。たとえ成功しても、その人に向けられる愛は純粋な愛ではなく、その成功と成果に対してです。その証拠に、その人も一度脱落すれば、すぐさま「落ちこぼれ」の烙印を押されてしまいます。愛はそのような打算的なものではないはずです。真の愛は、いかなる時であれ、心が痛むほどに相手の心を愛することです。

この世から孤独をなくすには、やはりたましいの視点こそが大切です。私は、たましいの視点から現世《げんせ》の悩みに答えるスピリチュアル・カウンセラーです。世間には、目には見えないたましいの世界を語る者を白眼視する人もいます。しかし誰が何を言おうとも、真実なる生き方はたましいの視点あってこそ語れることです。

冒頭に書いたように、ただ「死んではいけない」と言ったところで、この世に希望を失った人の心には響きません。ですから、たましいの真理と死の真実を語ることのできる私が、「自殺をしても意味はないのだ」と訴えなければと思い、著《あらわ》したのが本書です。私が語るたましいの真実を受け容れられれば、この世から孤独はなくなり、真実の愛に満ちた希望にあふれる社会となります。そして誰もが、自分、そして他者に、惜しみない愛を分かち合えるようになります。

本書は、現代の闇に生きるすべての人に向けています。まず前半では、たましいの視点から見た自殺の意味と、自殺増加の理由について書き、後半は、自殺を願う人（第4章）、自殺をくいとめようとしている人（第5章）、また愛する人を自殺によって喪《うしな》った人（第6章）に、それぞれ向けて書くという構成をとっています。

では、この本は自殺を考えたことのない人、自殺を身近に感じたことのない人には無縁かといえば、そんなことはありません。本書は孤独に苦しむすべての人のために書きました。ですからすべての人に読んでいただきたいのです。現代人すべてが、ある意味、ゆるやかな自殺への道をたどっているといっても過言ではありません。物質主義的価値観の色濃い現世では、深い孤独は誰にでもあり、またその誰もが綱渡りの状態で生きているはずです。いつ何時《なんどき》「生きる価値」を見失い、絶望に心を閉ざすことになるかわかりません。

今日も自殺の話題がニュースで報じられました。

さあ、今こそ一緒に「生きることの価値」を考えてみませんか？

目次

第2章 自殺を選んだたましいのゆくえ 57

スピリチュアル・カウンセラーからの提言

いのちが危ない！

第1章

いのちとは、生きるとは

1　人生の霊的真理

★人生に苦しみはつきもの

「死んでしまいたいくらい悲しい」
「いっそ命を絶ったほうがどんなに楽かと思う」
「人生はあまりにもつらすぎる」

あなたの今までの人生のなかで、このように思ったことはありますか。

今まさにそうした苦しみの淵《ふち》に沈みながら、ふとこの本を手にとってくださった方もいるでしょう。

苦悩の日々のなかであなたは、「私はなんて後ろ向きな人間だろう」「困難に負けてしまうとは、私はどうしようもなく弱い人間だ」と落ち込んだりしていないでしょうか。

でも、そんな自分を責めすぎないでください。誰もが弱いのです。苦しさのあまり「死にたい」とまで考えているあなたには、率直に言いましょう。「人生に苦しみはつきものです。苦しみのない人生はまずありません。しかしそれを乗り越えてこそ、人は本当の幸せを得られるのです」――と。

それが人生の真実です。スピリチュアルな視点から言うと、私たちの人生は、さまざまな苦難に遭《あ》って葛藤《かっとう》し、そこから本当の幸せをつかむためにあるものです。ですから、あなたの「死にたいほどつらい」という思いも、本当の幸せをつかむ前に誰もが味わう、ごく自然な感情なのです。

人生は苦しいものだと身をもって思い知ったあなたは、まだそれに気づいていない人たちより、一足先に人生の核心に近づけたと言えるでしょう。あなたは苦しみを通じて「生きることの真理」をつかみつつあります。たましいが、人生の本当の目的を思い出しつつあるのです。思い出したときには、今まで苦しみと感じていたことは本当は苦しみではなく、幸せの種子だったのだと気づくことができるでしょう。

ところがそこに至る前にくじけてしまい、自殺を考えてしまっているとしたら、あなたは「生きることの真理」の一面しかつかんでいません。自殺を考える前に、どうかもう一面のほうの真理にも目を向けてください。両方わかってこそ、人生の本質をつかめたと言えるのです。

もう一面の真理とは、「たましいは永遠である」ということです。たとえ自殺しても、たましいは絶対に死なない、死ねない、という真実です。死んだところでたましいは消えないのです。ということは、自殺により苦しみまで消せるわけではないのです。

私の著書を初めて読む方は、この話の意味がわかりにくいかもしれません。そこで、スピリチュアルな真理における人生の意味について、はじめにひととおりまとめておきたいと思います。

人はなぜ生まれ、いかにして生き、死したあとはどうなるのか。この世とあの世が分かれて存在するのはなぜなのか。運命とは何なのか。そして宿命とは——。

こういったことをまとめますので、今までの私の著書をすでに読まれた方は、おさらいのつもりで読んでくださるといいと思います。じゅうぶん理解しているという方は、読み飛ばして、四四ページあたりからまた読み始めてくださってもかまいません。

★人間の本質は「たましい」

人間とは何か。「私」とはどういう存在なのか。

その答えは、「私たち人間は、霊的な存在です」という言葉に集約されます。

私たちの本質は肉体ではなく「霊＝たましい」なのです。肉体は、私たちのたましいがこの世を生きているあいだだけ一時的にまとっている着ぐるみのようなものにすぎません。たましい自体は非物質なので、物質界であるこの世で生きるには、肉体という物質をまとう必要があるのです。

たましいは肉体にこもり、肉体を利用してみずからを表現しながらこの世を生き、人生で味わう経験と感動を通じて、さまざまなことを学んでいます。そのあいだ、私たちの肉体とたましいは密に連動しています。

両者の関係は、たましいを運転手、肉体を車にたとえるとわかりやすいでしょう。

たましいが、肉体を操《あやつ》っているのです。つまり私たちの行動も、思考も、感情も、おおもとではたましいが司《つかさど》っているのです。

しかし、どんなに丈夫な車もいつかは壊れるときがくるように、肉体が物質である以上、必ず役目を終えるときがきます。それが「寿命」のときです。

寿命のときに肉体は「死」を迎えますが、私たちの本質であるたましいは生き続けます。たましいは永遠なのです。人間の死とは、着ぐるみを脱《ぬ》ぎ捨てる、もしくは運転手が車から降りるというほどの変化にすぎません。死んだからといって性格はまったく変わりませんし、生前の記憶もすべて保っています。むしろ鮮明になるほどです。

私たちは生まれてくる前も、そして死んだ後も、本来の姿であるたましいとして、霊的世界（スピリチュアルワールド）で永遠に生き続けているのです。

★霊的世界はたましいのふるさと

霊的世界とは、いわゆる「あの世」、死後の世界のことです。厳密に言うとこの世（現界《げんかい》）も霊的世界の一部ですが、本書ではややこしくならないよう「あの世＝

霊的世界」として話を進めます。

霊的世界は、私たちのたましいの懐かしいふるさとです。今は忘れてしまっていますが、私たちのたましいにとって、この世よりはるかになじみのある世界なのです。

霊的世界は無数の階層に分かれており、下層部を除くほとんどの階層は、「真善《しんぜん》美《び》」の光に満ちたすばらしい世界です。また、私たちが今いる物質界と違い、すべては「想念」、つまり思いのエネルギーによって変化していく世界です。

霊的世界には時間がありません。はじめもなければ終わりもありません。その世界を、私たちのたましいは永遠に旅しているのです。その旅に比べたら、この世の一生など、まさにあっというま。たとえ百歳まで生きようと、霊的世界の尺度で見れば、ほんのまばたきほどの短い時間でしかありません。霊的世界こそが私たちの本拠地であり、一方この世は、私たちがほんのわずかな時間、学びに来ている旅先にすぎないのです。

私たちは、この世に「生」き、「死」とともにあの世、つまり霊的世界に行くと考えています。しかし霊的世界のたましいたちは、「こちら（霊的世界）が生の世界で、そちら（この世）は死の世界ですよ」と伝えてきます。

霊的世界こそ本当の世界、光の世界。そしてこの世は仮《かり》の世界、影の世界。

霊的世界はすばらしい輝きと安らぎの世界。そしてこの世はつらいこと、苦しいことを経験して成長するための「修行の場」。

それがスピリチュアルな視点から見た真相なのです。

★苦しみのほとんどはこの世だけのもの

ここで苦しみの意味について考えてみましょう。

私たちが人生の苦しみと思うことは何でしょうか。

病気や老い。飢《う》えや貧困。財産や地位を失うこと。学校や会社にまつわる悩み。人間関係。大切な人を喪《うしな》うこと。死への恐れ――。

では、これらが霊的世界にあるかどうか、一つひとつ考えてみてください。

まず肉体はありませんから、病気、老い、飢えはありません。必要と思うものは想念で得られる世界ですから、お金は必要なく、したがって貧困もありません。財産や地位も物質界にしかないものなので、それらを失うこともありません。

霊的世界には学校や会社はないので、それにまつわる雑多な悩みも存在しません。正確に言うと、下層部には学校も会社もありますが、上層部にはありません。霊的世界は、基本的に一人ひとりが内観《ないかん》して暮らす世界ですから、それらは必要ないのです。

そして人間関係の悩み。この世では誰もがこの悩みと無縁でいられませんが、霊的世界には人間関係そのものが存在しません。霊的世界においては、すべてのたましいが一体だからです。別々の「個」としてではなく、「類魂《るいこん》（グループソウル）」という大きなまとまりの一部分として存在しているのです。死後しばらくは「幽《ゆう》体《たい》」という姿かたちをもっていますが、やがてはそれをも脱ぎ捨て、光の存在となって類魂のまとまりのなかに融《と》けていきます。

その類魂にも、より詳《くわ》しく言うと、広義の類魂と狭義の類魂があります。広義では、すべてのたましいがひとつの類魂です。しかしそのなかにも、より似通ったたましい同士で集まった狭義の類魂が、無数にあります。ただし狭義の類魂同士のあいだにははっきりとした境界があるわけではありません。究極的にはみなつながっています。今この世では一人ずつ別の肉体に入っている私たちも、霊的世界に帰れば一体となるのです。

つまり、意地悪や対立、嫉妬《しっと》や裏切りといった人間関係の悩みは、たましいが個別の肉体にこもっているこの世でしか起きようがないことなのです。私たちはこの世に来ると、本当はすべてのたましいが一体であるという事実を忘れてしまいます。そのため他人を自分のことのように愛せなくなり、トラブルが起きてしまうのです。

死別の悲しみもこの世にしかありません。大切な人がいなくなってしまったと思うのは、肉眼ではたましいが見えないからです。しかし、たましいには永遠の命があり、たましい同士の絆《きずな》も決して消えません。霊的世界に帰ればそのことがよくわかります。

死への恐れもまた、この世にしかないことです。死とは、懐かしいふるさとへの里帰りなので、怖いことでも寂《さび》しいことでもありません。

このように、私たちが苦しみと考えていることは、この世ならではのことばかりです。この世の苦しみをひと言でまとめると「失うことへの恐れ」です。

スピリチュアルな視点に立てば、失うものなど何ひとつありません。すべての経験と感動（喜怒哀楽すべての心の動き）が宝となって、たましいに蓄積されていくだけです。無意味な経験、無意味な感動は、ひとつもない。ですから、何ひとつ恐れなくても大丈夫なのです。

霊的世界に帰れば、人生で直面する問題は、苦悩するためにあったのではなく、自分が成長するための学びの教材だったのだと気づきます。そして、その苦しみをいかに乗り越えようとしたか、乗り越えようとする過程でどんな経験と感動を積んだかが大事だということを知るのです。

2　苦しみは乗り越えるためのもの

★たましいの目的は、愛を学び成長すること

このように、苦しみが多いのがこの世です。しかしだからといってこの世を忌《い》み

嫌うのは間違いです。なぜなら、私たちはみな、みずから望んでこの世に生まれてきているからです。この世でさまざまな経験と感動を積むことを切望し、それが叶《かな》えられたからこそ生まれてくることができたのです。

美しい輝きに満ちた懐かしいふるさとをわざわざ離れ、この世に生まれることを望んだところに、実は、人生の意味を解く鍵《かぎ》があります。

なぜ、苦しみの世界にやってきたのか。

それは、苦しみを乗り越えて成長するためです。私たちのたましいは、つねにみずからの成長だけを望んでいるのです。この世に来るのも、この世でしかできない経験と感動のなかでみずからを磨《みが》き、未熟な部分を克服していくためです。

逆に言うと、克服すべき欠点のないたましいは、この世に生まれてくる必要はありません。私たちが今ここにこうして生きているということは、もっと学び、もっと成長する必要があるからなのです。

たましいを磨くとは、別の言葉で言えば「愛」を学ぶことです。みずからの愛をより大きく広げていくために、私たちは生まれてくるのです。

ただしここで言う愛は、本当の意味での愛です。見返りを求めない、無償の愛です。これを「大我《たいが》の愛」と言います。霊的世界は「大我の愛」に満ちています。しかしこの世での愛は、実は「愛欲」であることがほとんどです。「これだけ愛したんだから、これだけ返してほしい」という打算の愛。「あの人はここがすぐれているから好き」という条件つきの愛。そんな「小我《しょうが》の愛」がほとんどです。

私たちの奥底にあるたましいは、ふるさとに満ちあふれていた「大我の愛」を知っているのに、この世に生まれると、肉体という物質にこもった小さな自分だけを何より大切に思うようになり、愛の範囲が狭くなってしまうのです。

それでも一人ひとりが少しずつ本当の愛に目覚め、たましいを一歩でも成長させると、それは類魂全体の成長に結びつきます。

一見ばらばらな私たちですが、たましいのレベルではお互いにお互いの成長を助け合ってもいます。類魂全体の向上という共通の目的がある限り、どんな人間関係も、切磋琢磨《せっさたくま》のなかでともに「愛」を学ぶことに結びついていくのです。分かち合い、支え合う関係のなかで人は「愛」を学びますし、けんかして傷つけ合うという関係からも、結局は「愛」の大切さを学びます。

未熟さをもつ「落ちこぼれの天使」同士、人はみな手をとり合って成長しているのです。

★なぜ二つの次元を往き来するのか

ここで、こんな疑問をもった人もいるのではないでしょうか。

「大我の愛」を学ぶのがたましいの目的なら、この世になど来なくても、「大我の愛」に満ちた霊的世界にいたほうがよほど果たせるのではないのか――と。

ところが違うのです。こんなふうに考えてみてください。

やさしい人たちばかりの世界で暮らしていると、自分も自然とやさしい気持ちになれるものです。自分のなかのやさしい部分がのびのびと発揮されるのです。本当は意地悪な部分もちょっぴりもっているかもしれませんが、それは表に出ずにすみます。

ところが、意地悪な人たちばかりの世界に行くと、自分もつねにやさしい気持ちでいることが難《むずか》しくなり、むっとして意地悪をし返したりしてしまいます。本当のやさしさが身についていないうちは、ついそうしてしまうのです。それでもそういうやり取りをくり返していくうちに、そんな自分がいやになり、だんだん意地悪をしない、やさしい自分に変わっていきます。

さて、私たちにとって、どちらの世界がより多くのことを学べるでしょう。

もちろん、意地悪な人たちの世界のほうです。やさしい人たちの世界では幸せに暮らせますが、そこに居続けたのではさらなる向上は望めません。負荷《ふか》がかかっていないからです。負荷がかかった環境にいてこそ、自分の本性をあからさまに知ることができます。磨かなければならない部分を直視させられ、成長のきっかけをつかめるのです。

たましいはつねにさらなる成長を望んでいるため、負荷のない平和な環境にいると退屈してきます。そして試したくなってくるのです。「果たして私はどこまで成長できているんだろう。本当のやさしさが身についているのだろうか」と。そこで逆境に飛び込んで自分に負荷をかけ、みずからのたましいの力量を試そうと思うのです。

★この世はたましいのトレーニングジム

今の話を、こうおきかえて考えるといいのです。

やさしい人たちの世界を霊的世界に、意地悪な人たちの世界をこの世に。

つまり私たちは、自分に敢《あ》えて負荷をかけるために、この世に生まれてきたということです。そのほうが自分の未熟な部分を直視でき、成長できるからです。

霊的世界にいるとき、私たちのたましいはそのすべてを理解していました。ところがこの世に生まれて肉体に入ったとたんに自覚が薄れてしまいました。

さらに大人になるにつれ、たましいの記憶のほとんどはほぼ完全に失われ、たましいや愛などというかたちのないものよりも、この世かぎりの物質的な満足を得ることが大切だと思い込むようになったのです。「小我」が「大我」よりもはるかに優勢になってしまったのです。もちろん私たちの本質がたましいである以上、大我は決して失われませんが、この世に染まれば染まるほど、小我の影にすっかり隠《かく》れてしまいます。

しかしそういう状態だからこそ私たちは学ぶことができます。大我が隠れ、小我が前面に出ると、一人ひとりの欠点、未熟な点が、ひとつ残らず正直にあぶり出されるからです。あぶり出されなければ自覚することもできませんし、克服するチャンスも得られません。自分が成長するためには、小我があぶり出されたほうが好都合《こうつごう》なのです。

この世がたましいの学びに最適なのはこのためです。小我を克服する修行の場として、この世は最高の条件をそろえているのです。

以上が「私たちが霊的世界というふるさとをわざわざ離れ、この世に生まれてくるのはなぜか」という問いの答えです。この世はたましいを鍛《きた》える最高のトレーニングジムだからこそ、私たちは望んで生まれてきたのです。

★この世の苦しみを生んでいるもの

ここで、冒頭の「苦しみ」というテーマに戻りましょう。

苦しみを生んでいるものは何か。

まず、越えられるはずのハードルを「苦しみ」とだけ思ってしまう心です。本当は、自分のたましいが、自分を成長させたいがために用意したハードルなのに、それを越えられない苦しみと思う心が、状況をますます苦しくしてしまうのです。

もうひとつには、自分自身の「あぶり出された小我」です。一人ひとりに固有の未熟な部分が、苦しみを生み出しているのです。自分の未熟さを改めさえすれば、味わわなくてすむ苦しみも、人生にはたくさんあるのです。

また、次のような人生の苦しみも、みな小我ゆえです。

財産や地位、名誉に固執《こしゅう》してしまうのは、物質を最上のものとする小我。

死や病を恐れ、健康に固執しすぎるのは、肉体がすべてと思ってしまう小我。

人間関係に悩むのは、人間のたましいはみな一体だという霊的真理を忘れた小我。

いずれも、誰もがもつ苦しみばかりではないでしょうか。

私が「人生に苦しみはつきもの」と書いた意味は、そこなのです。

誰にでも小我はあります。この世にいるから、よけいその小我は濃く浮き出てきます。あらゆる状況のなかでその小我を見つめさせられ、自覚させられるから苦しいのです。誰だって自分の欠点からは目を逸《そ》らしたいので、本当に苦しいのです。

それだけではありません。この世に生きていると、自分ばかりか他人の小我も目《ま》の当たりにするので、苦しくてたまりません。全員が小我ばかりむき出しにしていると、世の中全体がひどくなり、つらいことこのうえなくなります。すべてのたましいがひとつである以上、世の中全体もまた「自分自身」なのですが、この世ではその自覚をなかなかもてないので、この世から逃げたくさえなってきます。

しかし、人生やこの世から逃げることはできません。できるのは克服していくこと、よくしていくことです。小我を少しずつでも大我に変え、愛に満ちた世の中にすることです。その達成のために私たちは何度も命を与えられているのですから、決して不可能なことではありません。

ただ、当然ながらこれは一朝一夕《いっちょういっせき》にはできません。できた暁《あかつき》にはこの世はもう必要なくなるでしょう。今の段階ではまだまだこの世は苦しみの世界であり、「修行の場」です。

ではあの世には苦しみがひとつもないかというと、そういうわけではありません。

あの世に帰ったばかりのたましいには、特有の苦しみがあります。

それは「生きているうちに精いっぱい学ばなかった」という後悔《こうかい》の苦しみです。人生という限られた時間を縦横無尽《じゅうおうむじん》に生かし切らなかった。不平不満ばかり言って、まわりの人たちに愛を与えてこなかった。これは非常に多くのたましいがもつ後悔です。

だからこそ精いっぱい生き抜くことが大切なのです。

3　寿命は「宿命」、自殺は「運命」

★「宿命」のなかに人生の課題がある

私たちの人生には、「宿命」と「運命」があります。

「宿命」とは、もって生まれた、一生変えられない要素のこと。たとえば生まれた時代や国、家族、肉体などがそうです。肉体が宿命ということは、体質や容姿も宿命であり、本書のテーマにかかわる「寿命」もまた宿命です。

これらは一方的に与えられたもののように思えるかもしれませんが、違います。生まれる前に、自分自身が今度の人生で学びたいテーマに合わせて選んできたのです。自分の小我を見つめさせられ、克服しながらより成長できるようなカリキュラムを、みずからアレンジしてきたのです。

一方の「運命」は、自分の自由意思と努力しだいでいかようにもできる要素のことです。人生が一から十まであらかじめ決まっているものならば、そもそも生まれてくる意味がありません。自由意思と努力を毎日の暮らしのなかでどのように駆使し、どんな幸せをつかむかは自分にかかっています。幸せになるもならないも、運命の操り方しだいなのです。

ただしその前提として、自分の宿命は受け容れなければなりません。変えることのできない宿命に不満を言っても始まらないのです。宿命を受け容れたうえで、それを最大に生かせるような人生を運命の力で作っていく。それが最高に幸せな人生です。

宿命と運命の関係をたとえるのに、私はいつもケーキの話をします。

宿命は人生の土台なので、ケーキで言えばスポンジです。そこに施《ほどこ》すデコレーションが運命です。あんなクリームを塗りたい、こんなトッピングをしたい、いろいろな希望があるでしょう。しかしデコレーションにばかり気をとられていては、いいケーキは作れません。大切なのは、まずスポンジの特徴を知ることです。ぱさぱさしているのか、しっとりしているのか、チョコレート味なのか、ブランデーが浸《し》みているのか。そうした特徴をよくつかんだうえで、つり合うデコレーションを考えるのです。スポンジの短所をカバーし、長所を最大限に引き出すようなデコレーションは、アイディアと熱意しだいでいくらでも施せます。

スポンジの特徴を無視してケーキを作ってもうまくいきません。シフォンケーキのようにしっとりしていて柔らかいスポンジなのに、こってりと大量のクリームをのせてはバランスがよくありませんし、ぱさぱさしたスポンジにほんのちょっとしかクリームを塗らなければ、ケーキとしての魅力に欠けます。

人生もこれと同じ。みずからの宿命を知り、受け容れたうえで、それに合うもっともすてきな運命を作っていくことが一番の幸せなのです。

★幸せは見た目では計れない

宿命のなかでも最大のテーマは「親子」です。親子関係は人生で最初に愛を学ぶ場であり、そこで学んだことはその人の一生に影響を与えます。

ですから私たちは、自分にとって一番学びになる親を選んで生まれてきます。自分と相性《あいしょう》のいい親ではなく、あくまでも「一番学びになる親」です。人格が高く、手本としたい親を選ぶ人もいないわけではありませんが、多くの人は、お互いの小我があらわになり、ぶつかり合うような親を選ぶのです。なかには途中で親と生別、死別する宿命を選ぶたましいもいます。そのほうが自分にとって学びになると考えてのことです。

「子どもが親を選んでくる」という話に、反感を覚える人も少なくないようです。「では、イラクのような戦乱のさなかにある国に生まれた子どもはどうなのですか。そんな悲惨《ひさん》な人生を自分で選ぶはずはないのではないでしょうか」と。

一見、正論に聞こえます。しかしそれは物質主義的価値観による正論にすぎません。こう考える人は、目に見える物質的な状況だけで幸せを計っているのです。平和という点、そして物質面での豊かさでは、たしかに日本のほうがよく思えますが、親子愛、家族愛に関しては、日本とイラクとでどういう違いがあるというのでしょう。むしろイラクの親子のほうが、寄り添い合って、本当の愛を通わせているとは言えないでしょうか。

明日にも死んでしまうかもしれない極限的な状況のなかで、今日もまた子どもの笑顔を見ることができる親の幸せ。命をかけて守ってくれる親の愛を、たましいで受けとめることができる子どもの幸せ。物質主義的価値観の親に「勉強しろ」と言われながら育つ日本の子どもが、イラクの子どもより幸せだと言い切れるでしょうか。

どのような子どもも、親を選んで生まれてきています。イラクのように物質的に見て苦労の多い環境を選んでいる子どもも、みずからの意志でその人生を選んできていますし、その人生のなかには物質的豊かさには代えられない貴《とうと》い幸せがあります。たましいの幸せは、物質面での幸せとは違うのです。

また、試練の多い人生、少ない人生の違いは、たましいの「器《うつわ》」とも関係があります。たましいの器は、人によって違います。人はみな自分自身の現時点での器の大きさに合った試練を経験し、もがきながらも乗り越え、少しずつ器を大きくしていきます。人生には自分の器を超える試練が来ることはありませんし、器からみて物足りない試練しか来ない人生もありません。ちょうど乗り越えられる分だけの試練が来るようになっているのです。ですから人生には、本来、越えられない苦しみはありません。

この視点に立つと、試練の多い人生を選んだ人は、それだけたましいの器の大きい人なのだとわかります。困難に耐える「たましいの筋力」が強い人なのです。

もしくは、学びに対する熱心さゆえに試練の多い人生を選ぶたましいもいます。彼らは「今度は難しいテーマに挑んでみよう」「たまってしまった負の因果《カルマ》を一気に返済しよう」などと決意してくるチャレンジャーです。

逆に、試練の少ない、物質的にも恵まれた人生を送っている人は、たましいの筋力がまだあまりついていない人だったりします。いきなり重すぎる負荷はかけられないので、今回は平穏な人生を選んで生まれてきているのです。そしてもちろんその人も、たましいが成長すれば、試練の多い人生を経験します。

または、試練続きの人生のあとで、「今回はちょっと休憩《きゅうけい》して、恵まれた人生を経験してみよう」「安泰な人生というものも経験しよう」と決めてきたたましいもいます。

このように、たましいの目的は千差万別ですから、試練の多い人生を、単に不幸、かわいそうなどと思うのは、目に見える現象だけをもとにした判断にすぎません。

以上から、日本の子どもたちを幸せとだけ思うのは、一面的な見方にすぎないことをご理解いただけたでしょうか。日本の子どもたちは物質的環境には恵まれていますが、愛には飢えていたりするのです。そうでなければ子どもの自殺やうつ、ひきこもりなどが社会問題にまでならないと思います。

どの人も今の自分に必要な環境をそれぞれ選んで学んでいるのですし、長い長いたましいの歴史をならしてみれば、人はみな平等なのです。

★自殺は寿命ではない

宿命のなかで大事なもののもうひとつに「寿命」があります。

何歳ごろにこの世を去るかは、自分自身であらかじめ決めてきている宿命です。突然のように見える死も、幼い子どもの死も、それがその人の寿命なのです。短命な人生を経験すること自体を目的としているたましいもあります。

「短命な人はかわいそう」とこの世ではよく言われますが、それはこの世だけに視野を限っての話です。たましいの視点では、どれだけ長く生きるかより、いかに充実した人生だったかのほうがはるかに大切です。

それにたましいの視点では、死は悲しいことではありません。もちろん親しい人が亡くなれば、永遠の別れのように思え、身を切られるようなつらさを覚えるのが人間の自然な感情でしょう。けれども死とは、もといたふるさとへ帰ることにすぎません。

寿命は、その人生における学びの終わりを意味します。人が亡くなると、「あの人はまだ若かったのに」「もっとやりたいことがあったでしょうに」と周囲の人たちは思いがちですが、本人のたましいは、その人生で学ぶべきことは修了したことを自覚しているものです。

見方を変えると、私たちが今こうして生きているのは、「あなたにはまだまだ学ぶことがあるよ」「あなたが設定した寿命は、まだまだ先だよ」ということです。学び残しがあるうちは、そして寿命が来ないうちは、どんなに帰りたくてもふるさとに帰れないのです。人生は、息を引きとる最後の一秒に至るまでが学びなのです。

では自殺はどうでしょう。

自殺した年齢は、その人が決めてきた寿命でしょうか。

答えはノーです。自殺は寿命ではありません。宿命でもありません。先ほどの車と運転手のたとえを使うと、車が自然に壊れるのが寿命のとき。これに対して自殺は、まだ道は続いているし、車も壊れていないのに、運転手が車から降りてしまうことです。

本当は、まだ里帰りするべき時期ではないのです。まだまだ学ぶべきことも、出会うべき人も、味わうべき幸せも、その先にあるはずなのです。

★自分の死を決める権利はあるか

自殺を肯定する人は「人間には自由意思があるのだから、いつどのように死のうと私の自由ではないでしょうか？」と思うようです。そういう疑問に、私はこう答えます。「たしかにあなたには自分の死を決める権利も自由もあるでしょう。でも、あなたが本当に死にたいのかと言えば、深い部分では違いますよ」と。

深い部分とは、たましいです。死にたいと思っているのは頭にすぎません。たましいは死にたいなんて思っていないのです。

たましいが死にたいと思うのは寿命のときだけです。寿命が来れば、頭で何を考えていようと、自然に死にます。「私はもっと生きていたいのに」と頭では思うかもしれません。けれどもたましいは、そろそろふるさとに帰るころだと理解しています。

自殺はこの逆で、たましいの「生きたい。もっと学びたい」という思いを無視して、頭での思考のみにしたがって死ぬことです。

ケーキのたとえをまた使うと、自殺もデコレーション（運命）のひとつなのです。スポンジ（宿命）を拒否し、それどころか自分でグチャッとつぶしてしまうことなのです。しかし、スポンジを「つぶす」ことはできても、「なくす」ことはできません。つぶしてしまったスポンジの責任は、自分で負うことになるのです。つまり、またこの世に生まれ直して、自分の力でケーキの作り直しです。今度はつぶれたスポンジからのスタートですから、かなり大変です。

自殺というのは、それだけ大変なことなのです。とり返しがつかないわけではないけれど、「生きていたほうがよほど楽だった」と後悔するほど、つらい道のりなのです。

自殺したい人は、それだけ大変な道を選ぼうとしているのだとわかってほしいのです。

4 「生き抜く」ことに価値がある

★苦しんでこそたましいは輝く

「人生に苦しみはつきもの」というここまでの私の話に、少なからず絶望を覚えた方もいるかもしれません。

この世の価値観ではどうしても目に見える豊かさや、安泰な人生を求めてしまいます。そして苦しみはできるだけ避けたがるものです。

さらに昨今は、日本人の多くが「人生は平穏なのが当たり前」とさえ考えているように思えてなりません。そういう前提で生きていると、ほんの少しの苦難で、自分をとんでもなく不幸だと思ってしまいます。基準点が「平穏な人生」なので、苦難はマイナスでしかない、そんな人生観になってしまうのです。

しかし私に言わせれば、苦難があるほうが当たり前なのです。ただつつがない日々をすごしたいだけなら、この世に生まれてくる必要があったでしょうか。霊的世界にそのままいたほうがよほどよかったはずです。それに、苦難が排除すべきものでしかないなら、そもそもこの世が存在する必要もありません。

たましいの視点での幸せは違うのです。

物質的な豊かさにより、肉体は満たされるかもしれませんが、たましいは満たされません。たましいは「愛」でしか満たされないのです。

また、つつがなく安泰な日々を送れたら、肉体は喜ぶかもしれませんが、たましいは喜びません。つねに成長を目指しているたましいにとっては、つつがなく安泰な日々など退屈でしかたがないのです。

たましいは苦難を欲するのです。なぜなら、苦難を乗り越えながら、少しずつでも強く輝くたましいへと成長していくことが、たましいの目的であり、喜びだからです。

苦難はただ耐えるためのものではなく、乗り越えるためにあるものです。乗り越えるよう、自分のたましいが自分に与えているハードルなのです。あなたのたましいは乗り越える喜びをよく知っているから、この世にわざわざ生まれてきたのです。

逆に言うと、苦難を乗り越えなければたましいは成長できません。成長する喜びや幸せが得られません。ということは、苦難は幸せという花の種子なのです。それが理解できたとき、私たちには「苦難への感謝」が湧《わ》くのです。

では、一人ひとりがただひたすら自分の人生の苦行に励《はげ》んでいればいいかといえば、それも違います。苦しいときにこそ人と人は支え合うことができます。本当の愛を分かち合えるのです。苦しみを分かち合ってくれる他人の愛により、軽減しない苦しみはありません。苦しい状況でこそ私たちは分かち合いの喜びを知り、みんなが実は「類魂」というひとつのたましいであったことを、深い部分で思い出すのです。

★小我を大我に変える喜び

苦しみを乗り越え、失敗から学び、みずからのなかにある小我を少しずつ大我に変えていくためにあるのが私たちの人生です。

小我を大我に変えることこそ、私たちのたましいにとっての喜びです。

あなたにも、自分の小我を大我に変える幸せを、今までの人生のなかでさっと感じたことがあるでしょう。たとえば友だちとけんかした。自分にも原因はあったとわかっているけれど、意地という小我が邪魔《じゃま》してなかなか素直になれない。それでも勇気を出して謝《あやま》ってみたら、相手も謝ってくれ、もとのように笑い合えた。このとき感じるほのかな幸せは、小我を大我に変えられたことによるさわやかな喜びなのです。

この例などは、苦難と呼ぶにはささいなものかもしれません。しかし人生は、小さな苦難のなかで、小さな小我を、小さな大我に変えていくことのくり返しです。自分のなかの小我が、まるごといっぺんに大我に変わることなどありません。小我をひとつずつ大我に変えることの積み重ねで、やがて大きな大我が自分のなかで輝くようになるのです。ですから、日常のどんなできごとも成長のチャンスであり、無意味なものはないのです。

私が「人生に苦しみはつきもの」と率直に書いている理由がおわかりいただけたでしょうか。たしかに言葉としてはショッキングかもしれませんが、本書では敢えて明確にそう言い切ろうと、私は考えました。その理由は、本書を手にとってくださったのは「生と死」という究極のテーマを見つめている方たちだと思うからです。「この世は地獄」と、身をもって実感されている方たちだと思うからです。

私もひとりの人間として生きています。私個人のカリキュラムをもって生まれ、学びの日々を送っています。霊能力者だからといって、決して特別な人間ではありません。失敗もするし、泣きたくなることもあります。人生は本当に苦しみだらけだと思いますし、この世を地獄と思うこともしょっちゅうです。

しかし私は霊的真理に出会い、その苦しみのなかにもたましいの喜びを作り出せることを知りました。また、まだ長いとは言えない人生経験のなかで、人と分かち合う愛がどれほど孤独や苦しみをやわらげてくれるかも実感してきました。

苦しみだらけの人生のなかで見つけるそうした喜びは、蓮《はす》の花によく似ています。

蓮の花は泥のなかから咲きます。「真善美」の光に満ちた霊的世界では、一面に広がるお花畑を見ることができますが、この世で見ることのできる花は、泥のなかにぽつんと咲く蓮の花なのです。

でも、そんな蓮の花もとてもすてきです。ぽつんとしか咲いていないからこそ、見つけたときの喜びは大きく、ひときわ気高くも見えます。天の星が、まっ暗な夜にこそ輝いて見えるのと同じです。

そして、蓮が美しく咲くのは、実は泥のおかげなのです。泥のなかに蓮を育てる栄養が豊富に含まれているからこそ、いい花が咲きます。人間も、苦しみがたましいに栄養を与えてくれるからこそ、気高い輝きを放つことができるのです。

★価値があるから生きるのではない

あなたが自殺を考えているひとりなら、こんなふうに思ってはいませんか。「私なんて生きている価値がない」「私の人生に、どんな価値があるというのだろう」。もしそうなら、どうかご理解ください。あなたの考え方と、たましいの真実は、ちょうど逆なのです。つまり、人間は「価値があるから生きる」のではなく、「生きることに価値がある」のです。最後まで「生き抜く」ことに価値があるのです。「私には価値がない」と言うときの「価値」とは、もっぱら物質面での価値のことではないでしょうか。自分には財産がない。特技も才能もない。地位も名誉もない。もしくはそれらすべてを失ってしまった。そんなときに人は無価値感に陥《おちい》ってしまうのです。

しかし、たましいの輝きと、もっている物質の量は一切関係ありません。物質を失ったことで、たましいの価値が失われることもありません。物質を失うという経験と感動さえ、たましいにはひとつ残らず蓄積され、輝きになるのです。

物質面での価値を何ひとつもっていなくても、生き抜くことは、それだけでじゅうぶん価値あることです。

失敗ばかりの人生だったり、課題をたくさん残したまま死ぬことになってもいいのです。あらかじめ決めてきた寿命までの歳月を生き抜き、その分の経験と感動をたましいに得ることは、それだけですばらしいことです。

★死を意識しながら生きてこそ

冒頭に書いたように、苦しみのあまり死まで考えている人は、「生と死」という核心的なテーマに気づくことができた人です。

死を意識して生きることは、それ自体はとても大事なことです。私たちみんながそうであるべきです。今日死ぬかもしれない、明日死ぬかもしれないと思いながら生きてこそ、マンネリに陥ることなく毎日を輝かせることができ、この世を去るときに悔《く》いを残さずにすむからです。

ほとんどの人が忘れていますが、霊的世界からこの世に生まれてくるのはとても大変なことです。霊的世界には、この世でたくさんの経験と感動を積んでたましいを磨きたいと切望しているたましいが無数に待機しているそうです。そこから生まれてくるのは、宝くじよりもうんと低い確率だと言います。そうしたなか、私たちは命を授《さず》かった。そして喜び勇んでこの世に生まれてきたのです。

だからこそ、人生の最後の一瞬まで、精いっぱい輝かせたいではありませんか。生を充実させるため、死を意識して生きましょう。大切なのはいかに生き、いかに死ぬかです。何を成《な》し遂《と》げたかより、経験と感動がどれだけこもった一生を送れたかです。

何の感動もないまま死を迎えるのはとても悲しいこと。何の学びもない死を迎えるのはとても寂しいことです。

何があっても忘れないでください。「生き抜くことに価値がある」ということを。

第2章

自殺を選んだたましいのゆくえ

1 なぜ自殺を選ぶのか

★自殺する可能性のない人はいない

私は、自殺してしまう人、自殺を考える人が特別な人たちだとは思っていません。むしろ自殺を一度も考えたことのない人のほうが少ないのではないかと思っています。

生きていれば誰だって、死んでしまいたいと思うほどの苦難はありますし、自分から望んでこの世に生まれてきたことも、ほとんどの人が忘れています。苦しみのあまり大局的な見方ができなくなり、死を選ぶことがあっても不思議はないのです。

それに人間は誰しも弱い存在です。自殺を選んだ人ばかりが弱いわけではないのです。強そうに見える人もずっとその状態でいられるとは限りません。肉体が弱ったり、病んだりすることがあるように、心も弱ったり病んだりするのです。

自分で自分に、乗り越えられる分だけの負荷《ふか》をかけて生まれてきたことも、人は忘れてしまいます。自分の器《うつわ》を超える負荷はもともってきていないのに、それも忘れ、目の前の苦難はとうてい乗り越えられないと信じ込んでしまいます。

その意味では、自殺する可能性は誰にでもあるのです。

では、そのなかで、本当に自殺してしまう人とはどういう人なのでしょう。

いくつかの特徴が挙げられます。たとえば、自分の人生の重さにひるんでしまうこと。繊細《せんさい》すぎるたましいであること。思い出に変えることが苦手なこと。愛情の枯渇《こかつ》や、孤独。自分を商品価値で見てしまうこと。まだほかにもあるでしょう。実際はこれらのいくつかが重なって自殺に及ぶ人が多いように思います。

★越えられない苦しみはないのに

今挙げた特徴を、一つひとつ詳《くわ》しく見ていきましょう。

まず「自分の人生の重さにひるんでしまうこと」です。

霊的世界からこの世に生まれてくるときは、誰もが「よし、今度の人生でもたくさん学ぶぞ」と意気込んで生まれてきます。苦難だらけの人生に敢《あ》えて挑戦するような、意欲的なたましいもいます。

そういうたましいが、実際にこの世に来てから怖《お》じ気《け》づいてしまうことがあるのです。自分が設定した宿命の渦中《かちゅう》におかれてみて、それがいかに苛酷《かこく》であるかを思い知り、本当は乗り越えられるのに、乗り越えられないと思い込んでしまうのです。

これもまた誰にでもありうることです。卑近《ひきん》なたとえを使えば、やる気まんまんで難《むずか》しい語学の教材を買ったのはいいけれど、とてもついていけず放り出してしまうこと。それとよく似ているのです。

次に、「繊細すぎるたましいであること」です。

純粋無垢《じゅんすいむく》で、ささいなことにも傷ついてしまう人がいます。そういう人が、望んで生まれてはきたものの、この世の汚《きたな》さに耐えきれず、みずからの理想を守るために死んでいくのです。繊細さゆえに大局的な見方ができず、人生の重さに負けてしまうのです。

そして「思い出に変えることが苦手なこと」。自殺する人にとても多い特徴です。

生きていれば誰だって失敗もしますし、思い出すだけで赤面《せきめん》してしまうような恥ずかしい経験もします。悲しくてたまらないこと、後悔《こうかい》してもしきれないようなことも、人生にはたくさんあります。それでもほとんどの人が生きていけるのは、「忘れる」、もしくは、うまく「思い出に変える」という能力をもっているからです。あらゆる経験がいつまでも鮮明に記憶に残っていたのでは、人間はとても生きていけません。だから忘却《ぼうきゃく》という安全弁が必要なのです。

その点、多くの人々は、忘れること、経験を思い出に変えることの名人です。生々しい悲しみや後悔が残らないよう、無意識に、経験をうまく風化させているのです。

ところが、内省的で、繊細で、ささいなことも見逃せない生真面目《きまじめ》な人たちは、忘れることが非常に苦手です。こういう人はある意味で、自分自身の傷口を直視できる勇気と強さのある人なのですが、そこばかり見つめすぎるとだんだん自虐的《じぎゃくてき》になり、心がどんどんむしばまれ、しまいには自分自身をこの世から抹消《まっしょう》してしまいたくなってきます。そして自殺に向かってしまうのです。

★「愛の電池」が枯渇すると

「愛情の枯渇」や「孤独」も自殺の引き金となりやすいもののひとつです。

人間というものは、愛がないと生きていけません。肉体を養うために食べものが必要なように、たましいを健《すこ》やかに保つためには愛というエネルギーがどうしても必要です。

その意味で人間は、「愛の電池」です。「愛の電池」はとても正直で、打算的な「小我《しょうが》の愛」は受けつけません。本当の愛、つまり「大我《たいが》の愛」でしか充電されないのです。

「愛の電池」が本当にたまると、人は自分にプライドがもてます。プライドという言葉からは、お高くとまった鼻持ちならない人を連想するかもしれませんが、私がいうプライドとは、自分に注がれてきた愛を誇りに思い、守り抜こうとする心のことです。

ところが、愛というエネルギーに満たされていないと、人間は電池を切らしかけたロボットのような危なっかしい動きを示します。プライドがないため、ものごとに自信をもってとり組めず、生まれもった能力や性格のよい部分をのびのびと発揮できません。他人への心の開き方もわからず、人間関係がぎくしゃくとしてしまいます。

電池がいよいよ底をつき始めると、あらぬ誤作動《ごさどう》を起こし始めます。人に対してすねる、妬《ねた》む、いばる、卑屈になるなどの困った行動や言動に出てしまうのです。愛への飢《う》えが、過剰《かじょう》な食欲、性欲、金銭欲、名誉欲といった、別のものへの飢えに変質してしまうこともあります。

どうせ愛されていないのだからと、自分自身を粗末《そまつ》にする行動に出ることもあります。非行や犯罪、リストカット。自殺もそうです。愛されていない自分の命などどうでもよくなり、自暴自棄《じぼうじき》な行動に走ってしまう究極のかたちが自殺なのです。

★自分を商品価値で見てしまう

今の日本社会には、なにごとも機能や効率で価値を決めてしまう「物質主義的価値観」が蔓延《まんえん》しています。人を評価するときも、もの同然に、使えるかどうか、便利かどうか、経済的な価値をどれだけ生み出せるかで計ってしまう。そうしてみんながものとして扱われ、評価されるうちに、自分自身をものとして見るようになります。すると、財産や地位、名誉などを失ったときに、底知れぬ無価値感に襲《おそ》われてしまいます。

その間違った価値観が自殺に結びついていってしまうことは、とても多いのです。たましいはまだ死にたいと思っていない。心も本当はまだ生きていたい。にもかかわらず、頭だけが、「ものとしての価値をなくした以上、自分はもはやこの世に生きている価値がない」と思い込み、自滅《じめつ》していってしまうのです。まだ若い人たちでさえ。

くり返しますが、人生に越えられない苦しみはありません。越えにくいのは、物質主義的価値観に支配された心です。物質的な価値をどんなに求めても限度があるのに、求める人間の欲望にはきりがありません。それなのにどこまでも物質的な欲望に執着《しゅうちゃく》してしまえば、苦しみが募《つの》るばかり。その悪循環にはまった苦しみは、まさに越えがたいものでしょう。

越える道があるとすれば、物質主義的価値観へのとらわれをなくすことのみです。「価値があるから生きるのではなく、生きることに価値があるのだ」という、たましい本位の価値観をもつことです。

2　自殺した人のたましいはどこへ行くのか

★「自殺してよかった」というたましいは皆無

長年スピリチュアル・カウンセリングを行ってきたなかで、自殺した人たちのたましいの声を、相談にいらした遺族の方たちにお伝えする機会がたびたびありました。その経験から言えるのは、「自殺してよかった」と伝えてくるたましいは皆無《かいむ》だということです。自殺者はひとり残らず後悔しています。暗闇《くらやみ》に閉じこもり、パニックに陥《おちい》り、通信すらとれないことも少なくありません。

「死んだら楽になれる」という生前の考えが間違っていたことに気づくのです。「死んだら苦しみや悩みはなくなる」と信じていたのに、死んでも悩みは消えないこと、今度は後悔という苦しみも加わることがわかってしまうのです。

そんな彼らも、もちろん永遠にそのままでいるわけではありません。性格などにより、遅い早いの違いはありますが、誰もがいつかは目覚め、本来の輝きをとり戻し、再びこの世に生まれて課題をやり直そうと前向きに考えるようになります。でも、死んだ直後のたましいは、後悔ばかりのときを、暗闇に閉じこもってすごすのです。

私のこうした話は、もしかすると、自殺を心に決めている人たちには、よけいなお世話なのかもしれません。しかし、苦しむたましいをこれ以上増やさないためにも、私は自分が視《み》ている霊的事実のありのままを伝えなければならないと思っているのです。「やっぱり生き抜くべきだった」という後悔ほど苦しいものはないからです。

本章では自殺をした人のたましいがどうなるかをお話ししていきますが、その前に、そもそも人間のたましいは死後、霊的世界でどのような旅路をたどるものなのかを解説しておきましょう。私のほかの著書ですでによく理解している方はそこを読み飛ばし、七二ページからお読みくださってもかまいません。

★霊的世界は想念の世界

この世では、霊的世界を「あの世」とひとくくりにしがちですが、そこはとてつもなく広大で、無数の「階層」に分かれています。

霊的世界は、この世のような物質による束縛はなく、「想念」だけですべてが実現する非物質界です。思い描いたものが瞬時に目の前に現れ、たましい同士の意思疎通《そつう》も瞬時に成立します。逆に言うと、どんなささいな想念もあらわになってしまうため、物質界のようには、うそや隠《かく》しだてが通用しない世界です。

たましいの想念には「波長」というエネルギーがあります。

波長が高いたましいとは、成熟した聡明なたましいのこと。真の愛をもっていて、思いぐせもなく、前向きに輝いて生きている「大人のたましい」を言います。

反対に波長の低いたましいとは、未熟でネガティブなたましいのこと。真の愛から離れ、マイナス思考、執着心といった思いぐせをもったたましいです。

霊的世界の階層は、こうした想念の高低によって分かれています。同じ高さの波長をもったたましいはお互いに引き合い、同じ階層に集まります。

階層の数はそれこそ無数にあります。霊的世界は、心境が変わらない限り、現在いる階層のひとつ上にもひとつ下にも移動できない、厳然《げんぜん》たる差別界です。

★死後にたましいがたどる旅路

無数にある霊的世界の階層は、大まかに四つの世界に分けることができます。この世から近い順に「幽現界《ゆうげんかい》」「幽界《ゆうかい》」「霊界《れいかい》」「神界《しんかい》」です。

死後まもないたましいは、まず「幽現界」に移動します。幽現界とは、この世（現世《げんせ》あるいは現界《げんかい》）と、このあとに向かう幽界とが重なり合った次元です。

この世ではよく「四十九日を迎えるまでは、死者のたましいはこの世にいる」と言われますが、それはこの幽現界にいるということです。大半のたましいは五十日前後で次の幽界に移ります。その日数は何のためにに必要かというと、この世にお別れをするためです。姿こそもう見えませんが、故人のたましいは、お世話になった人たちを順々に訪ね歩き、お別れのあいさつをするのです。

次に進むのは「幽界」です。幽界もさらに無数の階層に分かれており、各々のたましいは、亡くなった時点での自分の波長の高さに応じた階層に平行移動します。波長の高いたましいは、明るく輝く高い階層へ。波長の低いたましいは、暗く沈んだ低い階層へ。行く階層の色は、そのたましいの色をそのまま表しています。ですから私は、「あの世ってどんなところですか?」と聞かれると、いつも「あなたの心の色ですよ」と答えています。ちなみに俗に言う「天国」とは幽界の上層部を言い、「地獄」は下層部のなかでも最下層部を言います。

多くのたましいがまず向かうのは、下層部から中層部にかけてです。幽界の下層部は、この世とそっくりな世界です。この世にあるものはすべてあります。家、ビル、店、学校、会社、乗りもの、食べもの、テレビ、パソコン、何でもあります。見た目の風景がこの世とそっくりなので、ここへ来ても死んだ自覚がなかなか得られないたましいもいます。違いは、想念が瞬時に実現することです。ほしいものがすぐに目の前に現れるのです。お互いの思念さえ通じ合えば、会いたいたましいと面会できる世界でもあります。属する階層は違っても、面会は、どのたましいとも必ずできます。

たましいがこの世への未練を残しているあいだは、この下層部で、生前と近い暮らしを続けます。しかしそこは非物質界なので、この世でのような物質的な満足や快楽は味わえません。たましいはしだいに「この世」的なものの必要を感じなくなり、この世への未練を捨てていきます。そして、より高い階層に進み、簡素《かんそ》な環境のもとで内観《ないかん》のときをすごすようになります。生前の生きざまをこと細かにふり返り、反省するのです。

★内観の末に再生を決意する

この世に生きているあいだは、私たちは忘れてしまいたい記憶をうまく思い出に変えたり、記憶に蓋《ふた》をすることができます。自分の未熟な部分から目を逸《そ》らすこともできますし、欠点に気づかないことも多いものです。

ところが死後は、そのすべてから目を逸らすことができません。無意識に封印《ふういん》していた記憶の蓋が開き、ひとつ残らず見つめ直すことになります。当時は気づけなかったまわりの人の気持ちを知ったり、自分の未熟さを思い知らされるのです。その作業のなかで、生まれる前に自分で決めたカリキュラムをきちんと学べたかを検証し、学び損《そこ》ねたことは何であったかを確かめます。

これはなかなか大変な作業です。自分が思っていた事実と、客観的事実が違うことも多いため、「私はそんな人間じゃない！」と抵抗してしまうたましいも少なくありません。生前、自分自身を見つめることの少なかったたましいほど、死後、この作業のなかで驚き、大慌《おおあわ》てし、しきりに反省することが多いようです。

そうした内観が深まるうちに、この世へのこだわりや後悔の念は浄化《じょうか》していき、たましいはいよいよ「霊界」に進みます。そこまでに通常、死後二十年から五十年ほどかかるようです。

幽界にいるあいだは、たましいは「幽体」をもっていますが、霊界に進む際にそれを脱《ぬ》ぎ捨て、光の存在となります。そして類魂《るいこん》のなかへ融《と》けていくのです。その後、類魂とともに、学び残している課題は何かを話し合い、大半のたましいはこの世への再生を願い始めます。もう一度、この世でしかできないたくさんの経験と感動を積んで、成長しようと志すのです。

私たちのたましいは、こうして再生と死をくり返しながら、この世と霊的世界を往き来しています。

気の遠くなるような時間をかけてそれをくり返すうちに、少しずつ浄化して、最終的には神界の光のなかへ融けていきます。神のエネルギーと一体になるのです。

★自殺した人のたましいはどうなるか

「自殺で亡くなった人のたましいは、死後どうなるか」という本題に戻りましょう。

私はだいたい三つのパターンがあるのを視てきました。大まかに言うと、それぞれが全体の三分の一ずつを占めています。

まずひとつが、「自分の死に気づけないでいるたましい」です。霊的世界の知識が何もなかった人、あの世など頭から信じていなかった人がこうなることが多いようです。死んだら無になれて、苦しみもなくなると信じて自殺したのに、自分の意識がまだあるという事実が彼らには納得できません。肉体はないのに、たましいだけで生きている自分の現状を理解できないのです。

そこでそういうたましいは、「意識があるということは、自分はまだ死んでいないんだ。死にきれなかったんだ」と思い込み、もう一度死に直したいと思いながら幽現界をさまよいます。自殺の多い昨今、そうした霊は街にあふれています。

自殺の現場にいることは特に多く、そこで何度も自殺のやり直しをしたりしています。本人が自分の死に気づかない限り、この状態がいつまでも続くのです。なかには何十年、何百年と続くことさえあります。

ある自殺の名所で視た霊を、私は忘れることができません。その霊は「今度こそ」とばかり、崖《がけ》の上から何度も何度も飛び降りているのです。死後何十年もたっていそうな霊でした。「早く目覚めれば懐かしいふるさとへ帰れるのに」と思うと、気の毒で、歯がゆくてなりませんでした。

ふたつめのパターンが「自分がおかしたあやまちの大きさに気づき、後悔しているたましい」です。発作的、衝動的に自殺してしまったたましいに多いようです。悶々《もんもん》と思いつめるうちにどんどん視野が狭くなり、ふとしたはずみに自殺を実行してしまった。死ぬ間際《まぎわ》には思考が正確に働いていなかった。そうしたたましいが死の一線を越えると、今度はハッと我に返り、「大変なことをしてしまった」「なぜ早まってしまったのか」とパニックに陥るのです。葬儀の場でも自分の死体にすがり、もう一度なかに入ろうとしたり、悲嘆に暮れる遺族を見てうろたえたりしています。こうした霊も、後悔の念が強すぎて、なかなか幽現界を去ることができません。

★心境そのままの暗闇に閉ざされる

残りの三分の一は、自分の死を理解し、幽界へは行きます。しかし「せっかくの命をなぜ生き切らなかったのか」という後悔があまりにも激しく、幽界のなかでも最下層部のまっ暗な世界にみずからを閉ざしてしまいます。彼らは決まって「暗い、暗い」と伝えてきます。その悶々とした様子は、彼らが生前、自殺をしようと思っていたときの心境とまったく変わっていません。

ただ、こうした状況におかれることを、自殺した人への罰《ばつ》ととらえるのは間違いです。

すでに書いたように、死後に行く階層の色は、そのままそのたましいの色なのです。自殺する人たちの人格が低いというのではありません。自殺して悶々と後悔しているたましいは、その沈みきった心境が闇そのものだから、闇に閉ざされてしまうのです。

彼らはそこで、自分が自殺したときの姿をも、しばらく見ると言います。首を吊った人なら、首を吊った自分の姿を見続けるのです。同じ階層にいる、自分とそっくりな波長をもったほかの自殺者たちの姿も見るそうです。

遺族の方たちにはショッキングな話かもしれません。けれどもどうかご理解ください。それは罰ではないのです。故人が一刻も早く目覚め、より上の階層へ進むためのカンフル剤として、このように自分のしてしまったことのありのままを直視する段階が必要なのです。自分のために、自分自身が、自分に自分の姿を見せているのです。これもひとつの「因果《カルマ》の法則」の働きです。

「因果《カルマ》の法則」は、霊的真理を表す法則のなかでも特に大事なもののひとつで、「自分が蒔《ま》いた種子は自分で刈り取ることになる」という法則です。意地悪をしたら意地悪が返ってくる。人に冷たくすれば冷たくされる。人を欺《あざむ》けば欺かれる。人生のあらゆる場面に、この法則は、寸分のもれなく働いています。

このように因果《カルマ》が返ってくることを「罰《ばち》が当たる」ととらえてしまう人がいるようですが、それは違います。罰どころか、自分のたましいが自分に与えている「愛」なのです。意地悪をした因果《カルマ》が返ってきて、自分も意地悪されれば、自分がしたことのひどさと、意地悪される側のつらさを身をもって知り、もう意地悪しない自分に成長できます。「因果《カルマ》の法則」という法則が働いているおかげで、人は成長できるわけです。

自殺したたましいが闇に閉じこもり、自殺した自分の姿をじっと見つめることになるのもそうです。自分がおかしたあやまちをきちんと受けとめ、もう二度とそれをくり返さない自分に成長するために、自分が自分に与えている不可欠なプロセスなのです。

★「いのちが大切」と言い続ける

ここでこんな疑問をもつ方がいるかもしれません。

「江原さんがいつも言うように、誰にでも守護霊という存在がいて見守ってくださっているなら、どうして自殺してしまう人がいるんですか？」

「自殺者のたましいが闇に閉じこもっているあいだ、守護霊はどうしているんですか？　見放してしまっているんですか？」

このように思う方は、大事な視点を忘れています。それは「波長の法則」です。

守護霊はいわば「たましいの親」であり、肉親以上に、その人をいつでも見守っています。ですから、その人が「死にたい」と思いつめているときから必ず声をかけています。もちろん肉声で語りかけることはできません。その人の夢を通じて伝えようとしたり、友だちや家族の言葉、読む本の中の言葉を通じて伝えようとしたり、とにかくあの手この手で、思いとどまるようメッセージを送り続けるのです。

しかし残念ながら、それを本人が聞いていないのです。自分の苦しみしか見えていないから何も聞こえないのです。低く沈んだその波長に、守護霊の崇高《すうこう》な波長が届かないのです。

この状態を、現世の親子関係にたとえるとこうなります。子ども（人間）が親（守護霊）の教え（霊的真理）を無視して、悪い仲間（「死にたい」などのネガティブな想念）とばかりつき合うようになる。親は子どもを心配してあれこれ手を尽くしても、自分から離れて行ってしまった子どもには、声（波長）さえ届かない。そういう状態なのです。

死んだあとも同じです。守護霊はいつもそばで愛を注いでいるのに、本人が闇のなかにみずからを閉ざしているのです。太陽の光は降り注いでいるのに自分の頭上にわざわざ暗雲をたれ込めさせているのです。

遺族の方たちにはまたつらい話になってしまいますが、この状態はとても長く続きます。そのたましいの性格にもよりますが、よほど潔《いさぎよ》い性格のたましいでない限り、長いこと心を閉ざし、日陰者《ひかげもの》のような思いですごします。

遺族の方に対するカウンセリングのなかで、私が亡くなった人のたましいのメッセージを聞こうとしても、言葉らしい言葉はなかなか伝わってきません。

しかしそれでも徐々に前向きさをとり戻し、ポツポツと語り出すたましいもいます。

「どのようにしてでも生き抜けばよかった」「生き抜くことにこそ価値があったのだ」などと彼らは言います。

「いのちが大切」「生きることが大切」ともよく言います。

そうしたたましいは、再びこの世に生まれてきてからも、もう二度と自殺を考えたりなどしないものです。「いのちが大切」「生きることが大切」ということが、たましいの奥底に浸《し》みているからです。

3　いのちを絶ってもたましいは死ねない

★因果《カルマ》はどこまでもついてまわる

私は自殺を考えている方たちに、こうした死後の実相を理解し、もう一度、本当によく考え直していただきたいのです。自殺によって何もかも終わりにできるわけではありません。たましいは死ねないのです。自殺によって肉体を終わらせることはできますが、永遠の命をもつたましいを、あなたの意志で終わらせることはできません。

死んでからみなその事実に気づくのです。死んだからといって楽になれるわけでも、無になれるわけでもありません。肉体を脱ぎ捨てるだけで、たましいはそのままです。ということは、生前の苦しい記憶も消えないままですし、学び残しているたましいの課題も消えません。結局、何も変わらないのです。

学び残したたましいの課題は、因果《カルマ》となって自分についてまわります。霊的世界との世は、次元こそ違え同じひと続きの世界なので、因果《カルマ》は死によって増えも減りもしません。今回の人生でクリアできなかったら次回、次回もためならまたその次と、どんどん先に持ち越されていきます。因果《カルマ》は「リセット」できないのです。因果《カルマ》はどんなに時間がたとうと風化しませんし、時効もありません。自分が作った因果《カルマ》は、長い時間を経ても、ブーメランのように必ず自分のもとに返ってきて、自分自身できちんとクリアするまで、いつまでもどこまでもついてまわります。逃げることも避けることもできません。それが「因果《カルマ》の法則」なのです。

「なんて厳しい法則だろう」と思うかもしれませんが、これは自分を高めるための「愛の法則」です。この法則がある限り、私たちは必ず成長していけます。そして全員がいつかは神界の境地にたどり着けるのです。

★自殺も「失敗」のひとつにすぎない

学び残している因果《カルマ》がわずかでもある限り、私たちは何度でも生まれ変わります。
「自殺などすると、その人はもう二度と生まれ変われない」と信じている人も多いようですが、霊的真理から言うとそれはありません。人生のやり直しは何度でもできます。挽回《ばんかい》のチャンスは必ずあるのです。

私たちはみな、日々小さな失敗をし、小さな負《ふ》の因果《カルマ》をいっぱい作りながら生きています。失敗のない人間などひとりもいません。そして、その失敗の一つひとつに、「因果《カルマ》の法則」がもれなく挽回のチャンスを与えてくれます。許されない失敗、挽回できない失敗はひとつもないのです。また、失敗と挽回のくり返しを通じてこそ、私たちのたましいは成長できているのです。

そもそも人類の歴史からしてそうです。イエス・キリストが十字架にはりつけにされてから約二千年。私たちはいったいどれほど成長したというのでしょう。文明は進歩したかもしれませんが、たましいは進歩したと言えるでしょうか。これほど成長の遅い私たちでも、こうして何度も生まれ直し、挽回のチャンスを与えられているのです。霊的世界の摂理《せつり》はなんと寛大なのでしょう。

そうした途方《とほう》もなくおおらかな霊的世界の視点で見ると、自殺もやはりひとつの失敗であり、ひとつの負の因果《カルマ》にすぎません。確かに重さは違います。越えるべき苦しみから逃れたこと、まわりの人たちを悲しませたことは、とても大きな因果《カルマ》になります。

　また、すべてのたましいが類魂であるという視点から見ると、ひとりのたましいの浄化が遅れることは全体の停滞につながるため、その意味でも負の因業《カルマ》になります。ですから自殺は重いあやまちなのです。

　しかし、ほかの失敗とまったく同じように、自殺にも必ず挽回のチャンスが与えられます。自殺だけが特別に許されがたいあやまちだというわけではないのです。

　このように書くと、自殺を気安く考えてしまう方が出てくるかもしれません。しかし、挽回の道の始まりは単純な「リスタート」でないことは、ぜひ知っておいてほしいものです。次の人生は、ゼロからではなく、大きなマイナスからの出発となるのです。「自殺をした」という因果《カルマ》を解消するための課題も加わるからです。

　今の人生の途中で放棄した試練にもまた直面します。そのときは別の人間として、別の環境に生まれているでしょう。それでも本質的には同じ試練にまた向き合うのです。

このように、自殺とは、いずれクリアしなければならないことを先送りすることにほかなりません。

ある人が越えなければならない試練を十とします。八までクリアしたのに、残りの二を放棄して自殺したとしましょう。するとその人は、残りの二をクリアするために、次回の人生でまた一からなぞり直すことになるのです。

学校にたとえると、進学するには出席日数があと三日足りないという状況で、その三日をがんばって登校しなかったために、留年になってしまうようなものです。そうなると、これまでの出席日数までなぞり直さなければならなくなります。どのみち卒業しなければならないなら、あと三日通うか、あと一年通うかの、どちらかを選ぶしかありません。それならば留年して一年もまた通うより、早く卒業するために、あと三日をなんとか我慢して登校したほうがよほどいいのではないでしょうか。

どのみち越えなければならない試練ならば、今回その苦しさをとくと味わいながら生き抜いて、次回に引きずらないほうがよほどいいとは言えないでしょうか。

★近道のつもりが遠まわり

すでに書いたように、自殺をしたたましいは、例外なく後悔し、苦しみます。その分、寿命まで生きた人より、死後の浄化がだいぶ遅れます。幽現界をいつまでもうろうろしたり、幽界の最下層部の暗闇のなかに鬱々《うつうつ》と閉じこもっていたりするのです。たましいの世界には時間の感覚がありませんから、そうしているうちに、この世で言う百年くらいの時間はあっけなくすぎてしまうこともあります。ずっと同じ心境に沈んでいる本人には、永遠のごとく感じられるかもしれません。

そのあいだにその人の本来の寿命もすぎていきます。遺《のこ》してきた愛する家族や友だちもみな、寿命が来て死んでしまいます。その時点で自殺者のたましいがまだ暗闇にいるままだったら、彼らと再会を喜び合うこともできません。

近道を選んだつもりが、とんでもない遠まわりになってしまうのが自殺なのです。たましいの学びに関しては、逃げることも、近道を選ぶこともできないのですから、本当は生き抜くほうがよほど楽なのです。

私は自殺を「絶対にいけません」と言うつもりはありません。私たちのたましいは永遠の旅をしていて、自殺はその途上における失敗のひとつにすぎないという霊的視点に立っているからです。ただ思うのは、本当に「もったいない」ということです。あと少し我慢して生き抜けばいいだけなのに、自殺などしたために新たな苦しみが生まれ、浄化が遅れてしまうのですから。「骨折り損のくたびれ儲《もう》け」とはまさにこのことです。

こうたとえるとわかりやすいかもしれません。自分が望んでツアー旅行に参加したのに、途中で帰ってきてしまうのが自殺であると。

そのまま最後まで参加していれば苦労もせず帰ってこられたのに、自分だけ旅程を無理に縮めて帰ろうとしたために、よけいな労力とコストがかかってしまう。残りの日程で見られたはずのすばらしい名所も見逃してしまう。それとよく似ているのです。

生まれ変わってやり直すことの大変さと、そのために要する時間とエネルギーの途方もなさを思うと、寿命まで、何をしながらでも生き抜いたほうがずっと得策《とくさく》と言えます。

本当に、どのように暮らそうと、自殺するよりはずっといいのです。乱暴な言い方かもしれませんが、寿命までの時間稼《じかんかせ》ぎができればいいのです。三年寝太郎のように寝て暮らしてもいい。嘆き暮らしてもいい。飲んだくれて暮らしてもいい。ホームレスになってもいい。たましいの視点に立てば、そのようにしながらでもこの世を生き抜く姿はえらいのです。立派なのです。

それに、どのようにであれ生き続けていれば、必ず何かが変わっていきます。とりまく状況が変わるかもしれない。自分の価値観が変わるかもしれない。誰かと出会い、人生が喜びに変わるかもしれない。いずれにしても、生きてさえいれば必ず新しい何かが見えてくるのです。幸せになることもできるのです。

★夜明け前が一番暗い

私が「とにかく時間稼ぎしながらでも生き抜いたほうがいいですよ」「生き続けていれば必ず何かが変わっていきますよ」と言うのには、大きな理由があります。

「もう自殺するしかない」とまで思いつめ、その決行ぎりぎりの境地にいる人は、本当はあと一歩で苦しみから解き放たれる状況にいることが非常に多いのです。よく言われる「夜明け前が一番暗い」という言葉のとおりなのです。

長年スピリチュアル・カウンセリングをしてきたなかでわかったのは、人は大きな苦難に遭《あ》うと、それが大病であれ、多額の借金であれ、だいたい次のようなパターンをたどるものだということです。

まずはじめは悶々とします。目の前の苦難を、たまたま自分にふりかかった災難としか思えず、「なぜ自分がこんな目に？」と運命を呪《のろ》います。そして外側にのみ解決策を求めます。大病を患《わずら》ったならあらゆる病院や薬を探し、借金なら金策に走ります。それでだめとなれば、人によっては正攻法でないやり方も試します。とにかく考えられる限りの万策《ばんさく》を尽くすのです。

次の段階として、大方の人が神頼みに走ります。ふだん神やあの世を信じていない人でも、このときばかりは「どうか助けてください！」と真剣に両手を合わせます。

占い師や宗教者、霊能力者の門を叩《たた》く人もいるでしょう。このとき訪ねた人物が崇高な人ならいいのですが、「苦難とは学びであり、苦難を経てこそ人間は成長できる」といった真理を理解しておらず、「現世利益《げんぜりやく》をすぐに授《さず》けてあげましょう」などと標榜《ひょうぼう》しているようだと、根本的な解決をみないまま大金を失う事態にもなりえます。

そこでますます絶望に陥ると、その人はどうなるでしょうか。

あきらめの境地に至るのです。「考えられる手は尽くした。神とやらも信じてみた。でもだめだった。もうどうとでもなれ」と、すっかり開き直るのです。苦難が始まって以来パニックに陥ってひたすら駆け回っていたその人も、フッと力が抜け、ただ静かにすべてを受け容《う》れ《い》ようという心境になるのです。

それは、一切の我欲《がよく》や執着を手放した無我《むが》の境地です。頭でこねまわす方法論を捨て去った、ある種、さわやかな無心の境地です。

人生とは面白いものです。その瞬間、動かしようがないかに思われていた現実に、異変が起こり始めます。

不治《ふじ》と言われていた病気が嘘《うそ》のように治ったりします。いい医師や薬と出会える場合もあります。多額の借金を抱えてしまった人なら、意外なルートを使って返せる目処《めど》が立ったりします。昔貸したきり忘れていたお金が突然戻ってくるかもしれません。

これらは一見、「奇跡」です。しかしたましいの視点で見れば、奇跡でもなんでもありません。すべてをあきらめ、無欲恬淡《むよくてんたん》となった本人の波長が、かねてからその人を援助しようとしていた守護霊の崇高な波長に初めて届く、当然の結果なのです。

本人の想念に我欲や執着がまじっているうちは、どんなに希望を捨てずにがんばっても高い波長は出せません。信仰に救いを求めるとしても、目の前の窮地《きゅうち》をしのぎたい一心の現世利益主義になってしまいます。

しかし「どうとでもなれ」と我欲をうち捨てた瞬間、波長はぐんと高まります。そこへ「待っていました」とばかり、守護霊の救いの光がまっすぐに注がれるのです。

★せっかく我欲を捨てたのなら

絶体絶命のピンチに陥った人がこのようなプロセスを経て立ち直っていくのを、私は何度となく見てきました。「波長の法則」が働いた当たり前の結果とはいえ、それはとても劇的で感動的です。

そういう経験をした人は、その後の人生を、愛と感謝の心をもって力強く生きていくものです。一連の数奇《すうき》な経験を通じて「人智《じんち》を超えた力は確かに存在する」という確信を得られたからです。それはめったにできるものではない、幸せな経験と感動です。

どうぞ気づいてください。「これ以上ないくらい苦しい」という境地に今まさに立っている人は、この幸せまであと一歩のところにいることを。夜明け前が一番暗いのだ、ということを。

しかし現実には、苦しんで苦しみ抜いたその末に、「どうとでもなれ」という思いのなかで自殺してしまう人が非常に多いのです。これは本当に惜しいことです。

おそらくその人は死後あの世で人生をふり返り、「あと一歩だったのに」と地団駄《じだんだ》を踏んでしまうに違いありません。せっかく「どうとでもなれ」という無我の境地にまで至れたなら、どうかあと一歩、生き抜いてほしい。心からそう思います。

我欲や執着をきれいさっぱり手放したとき、必ず現実が変わっていきます。

自殺するほどの勇気があるなら、その勇気で、現実の底の底まで沈みきってみることです。これ以下はないという底をしっかり踏めたなら、あとは浮上していけるのです。

★どのみち人生はあっというま

自殺を考える人は、自分のこの先の人生が途方もなく長いものと思えてしまうのだと思います。特にまだ十代の人などは、「平均寿命、男性七十八歳、女性八十五歳」などと聞き、気が遠くなってしまうのかもしれません。

けれども、脅《おど》すわけではありませんが、人間はいつ死ぬかわかりません。寿命は人それぞれ違います。あなたが死ぬのは三十年後かもしれませんし、六十年後かもしれません。でも、明日という可能性もあるのです。

一生など、ぼやぼやしていると本当にあっというまに終わってしまいます。かりにあなたの寿命がほぼ平均の八十歳だとしても、それは本当に長い年月でしょうか。私は現在四十歳ですが、十八歳だったのがほんの昨日のような気がしてなりません。この先も夢中のうちに年齢を重ね、寿命を迎えるのだと思います。

九十をすぎたお年寄りが「私は絶対に百まで生きる」と言うのを聞いて、「九十まで生きてもそう思うものかなあ」と驚いたことがありますが、このごろは「自分もその年齢になればその心境がわかるのかもしれない」と思うようになりました。九十年の年月でさえ、おそらくあっというまなのでしょう。やり残したことがいっぱいある気がして、なかなかこれで満足とはいかないのが人の一生だと思うのです。

あなたは今までの人生を長かったと思いますか。やはりあっというまだったのではないでしょうか。しかも歳《とし》を重ねれば重ねるほど、年月は加速度つきで流れていくように感じているのではないでしょうか。

死を急ぐことはないのです。いずれ自然に寿命が来るのです。

私自身は両親が短命でしたし、仕事柄、たくさんの方々をあの世に見送ってきました。四十にもなると同級生の死もちらほら耳にします。「人って死ぬんだなあ。年齢もそんなに関係ないんだなあ」と、実感しています。

その点、十代、二十代の人たちは、まだ身近な人の死を経験することは少ないでしょうから、よけいに「自殺でもしない限り死は訪れない」という感覚をもっているのでしょう。でも、だまされたと思って生きてごらんなさい。三十歳にもなれば、人生が本当にあっというまだということを実感できてくるはずです。

★私の願い

ここまでの話を本当によく理解していただきながらも、「自殺後の苦しみを覚悟してでも死にたい」という方が、なかにはいるかもしれません。絶対に後悔しない、あるいは後悔してもかまわない、自分ですべて引き受けると言い切るのなら、私は否定しません。大きな愛で「どうぞ」と言うほかありません。

ただ、自殺者が増え続け、それにより悲しむ人も大変な数にのぼっているという現状を見て、私は自分が視てきた霊的世界の真実をどうしてもお伝えしたかったのです。自殺者のたましいが死後どれだけ苦しみ、後悔しているかを伝えたかったのです。だからこそ、反論を招くことも承知のうえで、本書を著《あらわ》すことにしたのです。

私の語る霊的な話が「いんちきくさい」「でたらめだ」と思う方もいるでしょう。「死ねば無になるに決まっている。あの世なんてない」と。

そういう方に私の話を押しつけようとは思いません。しかし万一、自殺したあとに私の言うとおりだったとわかったら、なんと残念なことだろうと思います。

万が一でも本当かもしれない。そのぐらいの気持ちで、死後の世界の予備知識を仕入れておいたほうがいいのではないでしょうか。

世の中には、死後の世界の真相を伝える本がたくさん出ています。その一部を二〇三ページに紹介しました。大切な決断をされる前にこれらをお読みになり、本当に後悔しないと言い切れるかどうか、どうか何度も自分に聞いてみてください。

第3章

今なぜ自殺者が増えているのか

1　自殺と物質主義的価値観

★自殺者数の急増の背景にあるもの

日本には今、公表されているだけでも年間三万四千人あまり（二〇〇三年）の自殺者がいるといいます。これは交通事故での死亡者数の四、五倍にのぼり、年代によっては死因の第一位となっています。特に一九九八年あたりからの急増ぶりは著《いちじる》しく、その大きな原因に、不景気によるリストラや借金の苦しみなどが挙げられています。

しかしそれだけでしょうか。私はここで、「物質主義的価値観」というキーワードにふれないわけにはいきません。物質主義的価値観で人やものの価値を計るような世の中だから、人は虚《むな》しくなり、孤独を感じ、自分には生きる価値がないと思ってしまうのだと私は思うのです。

物質主義的価値観とは、物質的な価値を至上のものとする考え方、ものの見方のことです。人間の本質はたましいであり、人間にとってたましいを満たす愛こそが一番大切だとする「霊的価値観」、もしくは「精神的価値観」の対極にあります。

この場合の「物質」は、目に見えるもの、客観的にわかるもの、数量を計れるもののこと。お金、地位、名誉、学歴、能力などはみなそうです。肉体も物質ですから、健康、美貌、若さも物質的な価値と言えます。要するにこの世に生きるあいだにだけ価値があり、死んだら意味がなくなるものととらえて間違いないでしょう。

物質主義的価値観に支配されると、人間は目に見えることばかりにこだわり、物量の多さをものごとの秤《はかり》とするようになります。お金は多ければ多いほど、地位は高いほどいいと思い、それらの獲得に夢中になります。

あらゆる商品、あらゆるシステムに求めるものは、機能性、利便性、経済効率の三つです。この基準に照らして劣っているものは、使えないもの、無価値なものとして切り捨てられていくのです。

★「虚しい」のはなぜ

しかし物質というものは、どれだけ得ても「これでじゅうぶん」と満足できにくいものです。得れば得るほどさらに上が見えて、際限がないのです。そのため物質主義的価値観が強くなるほど、いつまでたっても心が満たされない虚しい人生となりがちです。

「こんなにがんばってきたのに、この虚しさは何だろう。自分は何のために生きてきたのだろう」。そんなふうに思いつめて自殺に至る人は少なくありません。特に、潜在的にそう感じている人が大きな苦難に遭《あ》うと、それだけで死に向かってしまうことがあります。「人生などつらくて虚しいだけで、何の意味もない。どうせいつかは死んで無になるんだ。だったら早く死にたい」と思ってしまうのです。

若い人たちがそういう大人たちを見て、影響を受けることもあります。「生きていても虚しいだけなんだ。だとしたら生き続けることに何の意味があるのか」と思い、まだじゅうぶんな経験を積まないうちに死に急いでしまうのです。

機能や効率ばかりが優先される社会からは、叙情性がどんどん失われていきます。最近でこそ「スローライフ」が見直されていますが、終戦以来このかた、物質主義的価値観から見て意味のないもの、つまり目には見えない人の心や愛、思いやりの気持ち、夢、ゆとりといったものはないがしろにされていく一方でした。大事だとわかっていても、知らず知らずに優先順位があとになり、少しずつ忘れられていったのです。

「何のために生きているんだろう」というつぶやきが、ついもれてしまうのは、日常からゆとりが失われてしまったせいでもあるのです。

「虚しい」のは、物質主義的価値観のせいなのです。

★「孤独」なのはなぜ

物質主義的価値観の世の中になると、孤独な人が増えます。というより、今はほとんどの人が孤独を抱えて生きている時代ではないかと思います。

孤独を感じている人がすべて自殺するわけではありませんが、自殺をした人はほぼ全員、心に孤独があったと思います。今まさに自殺を考えている人もです。

なぜみんなが孤独なのでしょう。核家族化が進み、ひとり暮らしをする人が増えていることも一因でしょう。人を安易に信じられなくなるような犯罪が多発し、隣近所まで警戒しなくてはならなくなったことも関係しているでしょう。

そしてまた、物質的な価値をどれくらいもっているかで人を判断するような世の中の風潮も、その背景にあると思います。恐ろしいことに、物質主義的価値観は人間の価値を判断する基準にまでなってしまっているのです。

今の日本で多くの人々が憧《あこが》れる人生とは、お金持ちで、高い能力や学歴があり、社会的な成功を収め、健康と美貌にも恵まれ、衆望《しゅうぼう》を集めている、そんな人生ではないでしょうか。そういう人生をつかめた人を「勝ち組」とし、そうでない人を「負け組」と分けてしまう風潮はないでしょうか。

「あの人は貧乏で病気がちで無能だけど、たましいがきれいだからうらやましい」とか、「あの人は苦労ばかりしているけど、その分たましいが磨《みが》かれているから妬《ねた》ましくてならない」といった理由で人をうらやむことはまずないでしょう。結局、物質的な豊かさを基準に人をうらやましがったり、妬んだりしているのです。しかし、いわゆる「勝ち組」は、この世の枠組みのなかで勝って見えるにすぎません。たましいの視点では、多くの経験と感動を味わって生き抜いた人は、全員「勝ち組」です。

実際この世で「勝ち組」と言われる人たちが心の底から幸せを感じているとは、単純には言い切れません。もしかすると虚しさや寂《さび》しさを抱えているかもしれません。そうとも知らず、自称「負け組」たちは、おいてけぼりをくった気持ちになっているのです。

そうなると「負け組」は、「勝ち組」に対して引け目を感じ、自分自身のありのままをさらけ出せなくなります。自分の狭い視野のなかでしかものごとを考えなくなり、どんどん煮詰《につ》まり孤独の深みにはまっていくのです。表向きは明るくて楽しくて多くの友だちがいても、内心は孤独な人が多いのです。

孤独だと、苦難に遭ったときに助けを求めることもできません。甘えたり相談したりすることにも抵抗を感じてしまいます。幸せを分かち合うこともできません。

心から笑い合うことも少なくなります。

「孤独」なのは、物質主義的価値観のせいなのです。

★「生きる価値がない」と思うのはなぜ

世の中に「ついていけない」と感じ、自分を「負け組」としている人たちは、ともすると「自分には生きる価値がない」とまで考えるようになります。物質主義的な価値基準に照らして「自分はだめだ」と落ち込んでしまうのです。

病気やケガをする。老いて肉体が衰える。失業する。左遷《させん》される。受験に失敗する。自分を必要としてくれていた誰かを失う。これらは誰にとってもつらい経験です。しかしそこで「もう私には生きている価値がない」とまで思い込んでしまうのは、やはりそこに自分をものとして見ている物質主義的価値観があるのです。「自分はもう使えない。だから意味がない」と考えてしまうのです。

昨今はまだ若い人たちでさえ、そうした自信喪失と自己嫌悪のなかで輝きを失っています。彼らに「人生はそういうものではないよ。経験と感動を積んで生きていくこと自体に価値があるんだよ」と言うと、「そうですね」と一応は納得してくれます。しかしなかなか自分を変えようとはしません。なぜなら、ほかならぬ本人が物質主義的価値観に呪縛《じゅばく》されているからです。物質のうえでの成功者になりたいという願望を捨てられないからこそ、自信を失い、落ち込んだ状態から抜けられないでいるのです。

「人は人、自分は自分。私は私のやり方で人生を輝かせるぞ」という価値観に変えていけば、落ち込むことはなくなるはずです。

「生きる価値がない」と思うのは、物質主義的価値観のせいなのです。

★物質に呑まれない生き方を

物質主義的価値観というものが、幸せの定義、生きることの定義を、根底から変えてしまいかねないことを感じていただけたでしょうか。

ただし誤解してはいけないのは、物質そのもの、物質界であるこの世そのものが悪いのではないということです。物質や物質界それ自体は、いいものでも悪いものでもありません。そこに意味をつけるのは私たち人間です。

たとえばお金という物質があります。「お金は汚《きたな》い」と言う人がよくいますが、お金自体はよくも悪くもない、ニュートラルな物質です。使う動機が間違ってさえいなければ、愛の心を表現し合うためのすばらしい道具となりますし、使う人の動機が汚ければ、犯罪や賄賂《わいろ》の道具となります。お金という道具をいかに扱うかを通じても、私たちのたましいは学んでいるのです。

物質界全体にもそれが言えます。この世という物質界が作られたのは、必要があるからです。必要がなければ存在しません。スピリチュアルな視点に立つと、無駄なものは何ひとつ存在しないのです。

物質のおかげで私たちはたくさんのことを学べています。物質界に生きて、物質主義的価値観に惑《まど》わされそうになりながらも、心や愛を見失うことなく、霊的価値観を大切に養っていく。そういう難儀《なんぎ》な課題に私たちのたましいはとり組んでいるのです。霊的世界で霊的価値観をもち続けることはあまりにもたやすいので、私たちはわざわざ物質界での学びに挑《いど》んでいるのです。

ただしそこで忘れてはならないのは、たましいが主人公で、物質は道具だということです。物質をいかに扱い、そこから何を学ぶかが大切であり、物質に呑《の》まれて我を失ってしまっては本末転倒《ほんまつてんとう》です。お酒と同じで「呑んでも呑まれるな」なのです。

財産を築くのも、高い地位を得るのも、高学歴を目指すのも、それ自体は否定すべきことではありません。それらの成功に向かってがんばる人生もいいでしょう。成功を目指す過程で味わう経験と感動、気づきは、永遠に消えないたましいの宝となるからです。

ただし、そこに自分自身のアイデンティティまで見いださないことです。獲得した物質と自分自身を同一視《どういつし》してしまうと、その物質を失ったときに、自分自身のたましいの価値、命の価値まで、見失うことになりかねないからです。

2　たましいの戦後史の視点から

★昔の自殺は今と違った

そもそも自殺という行為の根底にあるのは、今も昔も、この物質主義的価値観です。すべてがそうとは言えませんが、自殺者の多くが「目に見えているこの世がすべてで、死ねば無になる」という思い込みのなかで死に向かっていくからです。

それでも昔の自殺は、今とは動機が違っていたように思えてなりません。

愛する人といっしょになれないから、心中してあの世で結ばれたい。

社会の掟《おきて》から逸脱《いつだつ》したことを死をもってわびたい。

社会の間違いに死をもって抗議したい。

そういった人間くささや、情《じょう》というものが動機に含まれていたのではないかと思います。本当は死にたくないけれど、やむにやまれず死んでいく。命をかけて訴えたいことがある。そういう自殺もまだ存在したと思うのです。

そしてまた日本の歴史の中には、見た目には自殺であっても、たましいのうえでは自殺ではない、悲しい死に方もありました。戦時中の特攻隊の死や、沖縄のひめゆり部隊などの集団自決のような死に方がそうです。

まだ若かったあの人たちは、もっと生きていたかったに違いありません。なのにそのときその場の社会的状況では、死を選ばざるをえなかった。はかに選択肢《せんたくし》がなかった。

そうした死は、たましいの視点からは自殺とは絶対に呼ばず、本書で言う自殺とは別に考えなければなりません。

★戦後、物質が神になった

昨今増えているのは、心中のような人間くささのある自殺ではなく、特攻隊のような社会的状況から選ばざるをえない自殺でもありません。虚しい、孤独、自分には生きる価値がないという「さまよい」のなかでの自殺です。

いつからそうなったのか。私は太平洋戦争の終戦あたりからだと考えます。

前著『子どもが危ない！』にて詳述《しょうじゅつ》したように、日本は終戦の年を機に、物質主義的価値観が主流の世の中へと急速に変化していったのです。

昭和二十（一九四五）年は日本人のたましいの歴史から見ても非常に重要な転機となった年です。

戦前の日本人にはまだ、人間にとって一番大事な「愛」や「真善美《しんぜんび》」を大切にする感性がありました。それは目に見えない尊《とうと》い存在を信じる心のなかで育《はぐく》まれていました。人々は先祖を敬い、季節ごとの風習を大事にし、思いやりの心を子どもたちに教えました。自然の力を畏《おそ》れ、「生かされている」という感謝をもち、謙虚に生きていたのです。

ところが、敗戦にともなうあらゆる価値観の崩壊とともに、「愛」や「真善美」を何よりも大切にする感性は失われていきました。それまで敬っていた神という目に見えない存在の代わりに、物質を崇《あが》めるようになったのです。

そして「力」も神となりました。体力、知力、経済力、政治力、組織力といった物質的な力をもつことにみなが憧れ、圧倒的な力の持ち主にひれ伏すようになりました。

終戦を境に、これほど価値観が変わったのです。

このときに置いてきてしまったものを、今、見直さなければならないと思うのです。物質主義的価値観が、今の世の中にあまりに大きな歪《ゆが》みをもたらしているからです。

★豊かでも自由でもない

その後も日本は、物質主義的価値観の王国へと邁進《まいしん》していきました。

戦後の復興期、高度経済成長期、バブル期と、日本人は必死に働いて今日の繁栄を築きました。人々の夢は、立身出世、自慢できるエリート家族、立派な家、便利な生活、人もうらやむような贅沢《ぜいたく》な暮らしでした。そして国も、先進国、経済大国を目指しました。私たちが今、とても便利な物質にかこまれて生きているのはそのおかげです。

しかしその反面、どんどん不自由になってもいないでしょうか。最近のみんなの合い言葉は「忙しい」です。ほっとできる憩《いこ》いの時間も、「真善美」にふれる時間も、じわじわと奪われているのです。便利な生活を維持するために、輪のなかのハツカネズミのように走り続けなければならないのでは、とうてい心豊かな暮らしと言えません。物質に束縛されて自由を失い、一人ひとりが虚しさと孤独を募《つの》らせているのです。

私は単に戦前を美化し、今を悪いと言いたいわけではありません。戦前にも間違いはたくさんあり、だからこそ戦争までしたわけです。そして今の時代には今のよさがあります。ただここでは、物質を偏重《へんちよう》し、目には見えない「真善美」をおろそかにするとどうなるかを、もっぱらたましいの視点から見ているのだとご理解ください。

こうした世の中の物質主義的価値観が個人の人生にどう影響していったかは、世代ごとに違いがあります。『子どもが危ない！』で詳述した世代の区分（左表）をここでまた解説しながら、自殺というテーマと照らし合わせていきたいと思います。

ここでの区分と説明は、あくまでもそれぞれの世代全体の傾向であり、全員にあてはまるわけではないことをお断りしておきます。

	中心となる人々の生まれ年	働きざかり	特徴
物質信仰世代	昭和一桁から十年代	高度経済成長期	戦前生まれではあるが、戦後の物質主義的価値観にもっとも染まった世代
団塊の世代	昭和二十年代前半	安定成長期	物質信仰世代の最後の世代かつリーダー的存在。現在日本の企業社会をリードしている
主体性欠如世代	昭和三十年代	バブル経済期	物質信仰世代の子。本当の愛を知らずに育ち、主体性に欠ける
無垢世代	昭和五十年代以降		団塊ジュニア、または主体性欠如世代の子。今の子どもや若者たち

日本人のたましいの戦後史

★物質信仰世代

戦後の日本は、焼け野原の状態から、もののみごとに復興を遂《と》げました。そして迎えたのは高度経済成長期です。幸せとは物質的な豊かさにこそあるという物質主義的価値観が、このころからいよいよ本格的に蔓延《まんえん》し始めました。

当時ちょうど働きざかりだった人々は、物質主義的価値観の洗礼をまともに受けたという意味で、「物質信仰世代」と呼ぶことができます。生まれた年で言うと、昭和一桁《ひとけた》生まれから十年代生まれをピークとする、その前後の世代です。高度経済成長期を支えた世代だけに、勢いのある人たちです。あの世など頭から信じず、目に見えるものだけを信じる人が多いのが特徴です。

物質的な価値を得れば得るほど幸せ。たくさん得た者が人生の勝利者。そういう人生観があまりに強くなると、目的のためには手段を選ばない人も出てきます。人間関係にも、あたたかい心のふれ合いより、駆け引きや裏切り、足の引っ張り合いが横行《おうこう》しやすくなります。そしてその分、一人ひとりが孤独になります。

ある意味で自信と確信に満ちて見える彼らですが、実は失敗に弱い面があります。ちょっとでもつまずくと、人生そのものの意味がわからなくなってしまう。目に見えるもののなかにしか答えを見つけようとしないので、すぐに混乱してしまうのです。

自分自身をも物質として見ているため、自分の物質的価値が低下してくるともう生きる意味を見失いそうになります。地位を失ったり、老化にしたがい思うように動けなくなってくると、もう自分には価値がないと思い込んでしまうのです。

最近、高齢者の自殺がとても増えているといいます。今の高齢者というと、ちょうどこの物質信仰世代と、それより上の人たちです。高齢者の自殺が多いのは日本の特徴だと聞くにつけ、物質主義的価値観の弊害の根深さを思わずにいられません。

★団塊の世代

「物質信仰世代」の最後のほうに生まれたのが「団塊《だんかい》の世代」です。「物質信仰世代」で一番若く、人数も多い彼らは、長年「物質信仰世代」のリーダーとして日本の経済を支えてきました。今も日本の企業社会に大きな影響力をもっています。

彼らの親は、「物質信仰世代」より少し前の世代の人たちで、戦前の価値観のもとで育っています。終戦により世の中の価値観が急激に変化したことで、もう何を信じたらいいのかわからず、自信をなくしていました。まして、生きるための仕事に日々夢中。そういう余裕のない親に、本当の愛をじゅうぶん注がれずに育った「団塊の世代」は、戦争を起こした大人たちを非難し、自由な価値観をもった自分たちこそが世の中をすばらしいものに変えていけると信じました。学生運動もそのひとつの表現でした。

しかし、彼らのほとんどは大人になったとたん、あっけなく社会に順応していきました。結局、既存の社会の枠のなかで生きることを選んだのです。

その後は現世《げんせ》の物質主義的価値観に浸《つ》かりながら、高度経済成長期とバブル期を仕事、仕事でがむしゃらに走り抜けました。同年代の人数が多いだけに出世競争も熾烈《しれつ》です。とにかく立身出世を果たしたい。地位、名誉、お金をたくさん得て贅沢な暮らしがしたい。子どもにもエリートになってほしい。「団塊の世代」を含む

「物質信仰世代」の人生の目標は、ある意味できわめて明確でした。

その反面、何かにつまずいた際にまた立ち上がるだけの心の筋力に欠けがちなのもこの世代の特徴です。何かにつけ、自分自身を追いつめすぎてしまうのです。社会の枠のなかでがんじがらめになり、そのなかでのステータスを重んじて生きている分、「自分は自分」と割り切れないのです。

たとえば、出世競争に少し後《おく》れただけで「自分はだめな人間だ」となる。心のふれ合いをおろそかにして生きているわりに依存心が強く、離婚でもされようものなら生きていけないほどのショックを受ける。出来心で浮気などすれば、そんな自分を責めに責めて落ち込む。リストラされれば「自分はもう世の中にとって無用なんだ」となる。

なぜ心の筋力に欠けるかというと、子ども時代に「愛の電池」を蓄えていないためです。親自身、人生観が混乱していて、子どもを大きな愛で導《みちび》けなかったからです。

「団塊の世代」を含む「物質信仰世代」が親となって築いた家庭もまた、本当の愛に欠けがちでした。エリートに育ててあげることが子どもたちの幸せと信じるあまり、勉強や出世を強《じ》いすぎたのです。

★主体性欠如世代

「物質信仰世代」の子どもにあたる世代が、「主体性欠如世代」です。昭和三十年代をピークとし、その前後に生まれた人たちです。

この世代は、親に物質的な愛しか注がれずに育った寂しい人たちです。親に口うるさく言われることは、「名門校に行きなさい」「大企業に入って出世するんだよ」。女の子なら「恥ずかしくない学校を出て、将来はエリートをつかまえるんだよ」。

子どもは純粋ですから、親に認められようと懸命《けんめい》にがんばります。そこで「愛されるためにいい子になろう。認めてもらうために成績をよくしよう」とがんばったのが「主体性欠如世代」です。しかし「愛の電池」はたまらず、心は孤独でした。

日本はやがて学歴偏重のエリート主義社会となり、各地に塾や予備校が乱立しました。彼らは子ども時代に「受験戦争」の洗礼をまともに受けました。

彼らの親の多くは教育費の出費を惜しみませんでした。エリートで何不自由ない人生のレールを子どもに敷いてあげようと、就職から結婚まで面倒を見、家や車まで買い与える親もいました。そんな親に経済的に依存し、言いなりになって育った人がこの世代には多いのです。心の筋力がつかないのは当然です。受験、就職、結婚のすべてにステータスを求め、途中ひとつでもつまずくと「脱線した、もうおしまいだ」となってしまうのは、エリートコースだけがたった一本しかない幸せへの道だと思い込まされているからです。

自分なりの価値観や判断力、主体性を育まれてこなかった「主体性欠如世代」の多くは、大人になった今も他者の決めた基準によりかかって生きています。親が勧めるから、みんなが正しいと言うから、世間で認められているから、人気があるから、有名だからなどが、ものごとの判断基準です。何をするにもマニュアルが必要で、そこから自分が外れていないことを確かめては安心して生きています。

でも心は虚しい。第一、生きている意味がわからない。でもどうしたらいいのかさっぱりわからない。そんな思いが煮詰まって自殺に走る人も出てきます。そして、そこにもマニュアルが登場してしまいます。十数年前にベストセラーとなった自殺のマニュアル本の読者は、「主体性欠如世代」が主だったのではないでしょうか。

★無垢世代

最後の「無垢《むく》世代」は、「主体性欠如世代」の子どもにあたる、生まれた年で言うとだいたい昭和五十年代以降生まれの人たちです。現在二十代以下の子どもたち、若者たちがそうです。少年事件が相次ぐなか、「最近の子どもたちはなんだかこわい」「考えていることがさっぱりわからない」などと言われることが多い彼らには、たしかにたましいに軸がなく、ふらふらとさまよっている印象を受けます。

なぜ軸がないかというと、本当の愛でしっかりと導いてくれる大人がまわりにほとんどいないからです。「真善美」を教えてくれる大人も、見本としたいエレガントな大人も、まれにしかいません。祖父母は「物質信仰世代」、親は「主体性欠如世代」と、物質的な愛ばかりが連鎖しているのです。

親自身に自信がないため、「無垢世代」には、ある意味で枠にはまらないのびのびとしたところがあります。純粋ゆえに芸術的感性も豊かです。しかしそこに「真善美」の価値基準が存在しないので、平気で駅の構内に座り込んだり、電車のなかでものを食べたり、お化粧をしたりします。

さまよう彼らは、自分とは何なのかがさっぱりわかりません。そこで自分の命や肉体をもののように扱い、売春や麻薬に走ったりします。命もゲームのようにリセットできると考えてしまうと、自殺にも結びつきます。

かと思えば、生きている実感を確かめるために極端な行動に出たりします。リストカットなどがその例です。

彼らのもうひとつの特徴は、群れたがることです。物質主義的価値観の社会では「力」が神になりがちです。「数」も力の一種です。彼らも子どものうちから「少数派だといじめられるから、力のある多数派の群れに入りたい」と考えるようになります。そしてみんなが支持しているかどうか、流行《はや》っているかどうかで価値判断をしています。

純粋無垢な点がよくも悪くも作用して、安易に人に影響されやすいのも彼らの特徴です。多数派でさえあれば、ネガティブなものにもたやすく呑み込まれていきます。

インターネットで、人を誹謗中傷《ひぼうちゅうしょう》したり、おとしめて嘲笑《ちょうしょう》するような内容のウェブサイトが人気を呼んでいるのもそのひとつの表れだと思います。心を教えられずに育ってきたため、そういうサイトの是非《ぜひ》を「真善美」の基準に照らして深く考えたりしません。ただ「みんなで渡ればこわくない」式に、多数派の勢いに乗って盛り上がっていくのです。もちろん、抵抗を感じる人たちもいて、彼らは参加もしていないのでしょう。でも、あれだけ盛り上がっているのは「みんなが面白がっているからいいものなんだ」と安易に肯定し、参加していく人も多いからではないかと思います。

★さまよいの果てのネット自殺

昨今問題となっている自殺関連のサイトもそうです。インターネット上で自殺の仲間を募り、当日初めて顔を合わせた仲間たちとともに死んでいく。本人たちには悩み抜いた末の決断だったのかもしれませんが、複雑なものを感じてしまいます。

死という一線を越えるには、本来大きな決意が要《い》るはずです。本当に死ぬしかないのかどうか、なんとか生きてがんばれないものか、たったひとりで煩悶《はんもん》するのが自殺ではないかと思うのです。しかしサイトに参加していると、「こんなにたくさん死にたがっている人がいる。だから死んでもいいんだ。世の中が悪くて、自分は間違っていないんだ」と安心し、決行に至ってしまうのではないでしょうか。

私はネット自殺のニュースを聞くたび「ノアの方舟《はこぶね》」を連想します。それも自殺という深い闇《やみ》への大冒険に向かう、ネガティブなノアの方舟です。「こんなにわけのわからない世の中、生きていてもしかたがないよ。さあみんなで別のどこかへ旅立とうぜ」と、弱々しいかけ声が聞こえてくるような気がするのです。

ネガティブながらも、そこにはある種のロマンと仲間意識があります。人間はみな、本当はひとつの類魂《るいこん》なので、無意識に仲間を求めるのです。ひとりはいやで、最後まであたたかい絆《きずな》がほしいのです。集団自殺というネガティブな絆であっても、「誰かのために死にたい」「仲間がいるという感覚のなかで死にたい」と思うのです。

悲しいことながら、これも本当の愛に飢《う》えた寂しい心の裏返しです。

ネット自殺という現象は、物質主義的価値観に染まりきった社会がもたらした、最悪の結果のひとつだと思います。

3　悪循環をくいとめるには

★人類は「ゆるやかな自殺」に向かっている

自殺は、自殺をした人や自殺を考えている人だけの問題ではありません。

すでに書いたように、自殺する可能性のない人はひとりもいません。特に生きる軸があやふやな「主体性欠如世代」「無垢世代」にはその可能性も高いのです。

また、類魂という大きなたましいの視点で見ても、人類全体が今、「ゆるやかな自殺」に向かっています。

物質主義的価値観がもたらしたものは何か。環境の汚染《おせん》と破壊です。人間は物質面での便利さと豊かさばかり重んじ、自然を壊し続けています。長いあいだ共存共栄してきた自然とのバランスを急速に崩《くず》しています。これは大局的に見れば自殺行為です。

自分の肉体に対しても、私たちは命知らずな行動ばかりとっています。過労、夜《よ》更《ふ》かし、暴飲暴食、どれもそうです。物質社会が生み出したストレスを癒《いや》すために、さらに健康や環境を損《そこ》ねる行為を上塗りしているのです。

悲しい悪循環に、私たちはもうはまり込んでいます。本当はみんな愛に満たされたいのです。愛が、たましいの食べものなのです。愛を満たし合える世の中ではないから、別の快楽を求めている。そこに気づかない限り、人類の「ゆるやかな自殺」はどんどん加速し、とり返しのつかない結果を招いてしまいます。

私たちは今こそ、人間らしい感性のすべてを呼び戻さなくてはいけません。人間らしい感性とは「愛」と「真善美」を求める心です。その心をよみがえらせることだけが、自殺者の数を減らし、人類全体の「ゆるやかな自殺」をもくいとめることになるのです。

もちろん一朝一夕《いっちょういっせき》にできることではないでしょう。しかし、人間が本質的に「愛」と「真善美」を求める存在である限り、希望はあるのです。

★みんなが家族として生きる

本当の愛をこの世によみがえらせるためには、心と心がふれ合う世の中にする必要があります。そのためには、みんなが「家族」として生きること。それにまさる道はありません。血縁の家族に限定せず、他人同士が「雑居家族」のように支え合って生きる、そんな世の中になるべきなのです。理想にすぎないと思う方もいるでしょう。でももうそれ以上にいい道は見つからないのではないでしょうか。

私が子どものころは、隣近所が家族のように助け合う「疑似《ぎじ》家族」的な人間関係は、東京にさえまだ生きていました。しかしその後、物質主義的価値観が蔓延するにしたがい、各家庭の孤立化が進みました。その結果、孤独なお年寄り、密室育児に煮詰まる母親、人間関係の結び方がわからない子どもたちがあふれ返ってしまったのです。

プライバシー尊重の美名のもと、隣に住む人の顔もわからないような世の中になってしまった今の日本。凶悪な犯罪も多発しているので、簡単にはドアの鍵《かぎ》を開けられません。そのため、隣の家で誰かが孤独死や自殺をしていたり、虐待《ぎゃくたい》を受けていたりしても気づけません。みんなが寂しいのに、お互いに心を開けない悲しい世の中です。

心のふれ合いを阻《はば》んでいるのは警戒心だけではありません。一人ひとりが自分や家族の「商品価値」を保つことで精いっぱいになっているのです。物質的な幸せへのレールから逸脱しないように走り続けるばかりで、他人を思いやる余裕をなくしているのです。

それでも最近は、地域のコミュニティの重要性が見直されたり、ボランティア活動が盛んになっていたりと、いいことがたくさん起きています。バブル経済の崩壊は、物質主義的価値観から見ると不幸なできごとなのかもしれませんが、あれを機に人々が心のつながりを見直すようになったのは、とてもすばらしいことです。

★真善美から離れてはいけない

「愛」と「真善美」は人間にとってなくてはならないものです。このふたつがたましいのなかに育まれていれば、簡単には死を選ばないものです。

自殺のなかには、衝動的、発作的なものがあります。何かの拍子にストレスが爆発して死に至ってしまう。怒りやショックでキレて、パニックのなかで自殺してしまう。こういう自殺をした人のたましいは、死後、悔《く》やんでも悔やみきれないようです。

キレるのは、「愛の電池」が切れてしまうからです。パニックに陥るのは「真善美」の価値基準が心の中にしっかり据《す》えられていないからです。

人間は「愛」と「真善美」から片時《かたとき》も離れてはいけないのです。「愛」と「真善美」は、霊的世界にあふれている神のエネルギーです。今はこの世にいても、私たちの本質がたましいであることを思い起こさせてくれる大切なものです。このふたつを見失うことは、たましいが迷子になるのと同じです。

本当の愛を注がれずに育つと、「真善美」がわからなくなります。これは正しくて、あれは間違っている。これは善くて、あれは悪い。これは美しいけれど、あれは本当の美とは言えない。その違いや、違う理由が言えなくなってしまうのです。

大人になってからでも決して遅くはありません。「真善美」に、つねにふれる暮らしをしましょう。殺伐《さつばつ》とした毎日を送っていてはたましいが活力を失う一方です。

芸術にふれ、美しい風景のなかへ出かけ、きれいな空気を胸いっぱいに吸いましょう。自分はなぜ生まれ、何のために生きているのか、そしてこれからどうしていきたいのか、自分の人生を内観《ないかん》しましょう。日々の暮らしに忙殺《ぼうさつ》され、たましいが誤作動《ごさどう》を起こさないためにも、人間にとってふと立ち止まるゆとりは絶対に必要なのです。

★眠ることと旅をすること

睡眠をとることも、ある意味で「真善美」を育むのに欠かせないもののひとつです。

最近はみんなが忙しく、睡眠がおろそかにされがちですが、スピリチュアルな視点からも睡眠は非常に大切です。というより、絶対に不可欠なものです。なぜなら、睡眠中に私たちのたましいは霊的世界に一時的に里帰りをし、霊的エネルギーを充電してきているからです。肉体を保つために食べものが必要なのと同様、たましいには睡眠中に得る霊的エネルギーが欠かせないのです。

たましいが里帰りして充電をしているあいだ、肉体は休息をとり、日中の活動のなかで生じた疲労や、バランスの崩れを修復していきます。

それだけではありません。たましいは霊的世界でみずからの整理整頓《せいりせいとん》をします。日常のストレスや思いぐせを見つめ、今の生き方を反省してみたり、問題を整理していったり、ときには守護霊から今後の指針を与えられることもあります。

つまり睡眠は、体のバランス、心やたましいのバランスの両方に必要なのです。睡眠をないがしろにしていると、健康と活力、生きていく気力が徐々に失われていきます。それが進むと、何をするのもおっくうで、生きることさえいやになってきます。過労や不眠が長く続いた末に自殺する人がたくさんいるのは、そうなるまでに睡眠をしっかりとれなかったことと無関係ではありません。

毎日が多忙でろくに眠れないという人は、知らず知らずに心身のバランスを崩しているはずです。睡眠を削《けず》るほど自分を忙しくしているものは、本当に必要なことなのかどうか、今の生活をぜひ根本から見直したいものです。

眠りたくても眠れないと悩む人もいます。特にうつ状態にある人はよく不眠に悩みます。そういう人は、病院で薬を処方していただいてでも眠ることです。それもなるべく夜に眠るようにしましょう。昼間の睡眠だと、熟睡できる環境をよほど万全に整えない限り、どうしても眠りが浅くなってしまいます。

旅をすることも、たましいに「真善美」を育むすばらしい方法です。人は、少なくとも月に一度は自然のなかへ出かけるべきだと思います。山がもつ癒しのエネルギー、海がもつ浄化《じょうか》のエネルギーにふれると、日ごろの悩みがささいなものに感じられてきます。いろいろな生きざまがあっていいのだと、広くとらえられるようになるのです。

ときには日常からすっかり離れて遠くへ旅立ちましょう。疲れているときほど自然の豊かな旅先を選ぶといいと思います。都市や名所旧跡に歴史や文化を訪ねる旅もいいものですが、疲れているときは知的な刺激は少ないほうがいいのです。頭をぼーっとさせてゆったりできることを第一に考えましょう。

人が旅をしたいと思うのは、霊的世界への郷愁からです。幽界《ゆうかい》の中層部から上層部にかけては「サマーランド」と呼ばれる、まさに天国のようなところです。光と色彩と調和に満たされた世界です。私たちのたましいの奥深くにはその記憶があるから、ときに懐かしさを覚え、美しい風景を求めて旅に出るのです。

疲れたたましいに安らぎを与え、「真善美」に浸《ひた》すには、「サマーランド」を思い出させるような旅先を選びましょう。国内外を問いません。「聖地」と呼ばれる土地や、地上の楽園と言われるようなリゾート地が非常にいいと思います。

★死から目を逸らさない

死というテーマと正しく向き合うことも、たましいに「真善美」を育むための大事なことのひとつです。たましいの視点では、死は懐かしいふるさとへの里帰りであり、忌《い》み嫌うべきことではありません。いつかは誰にも訪れる死というテーマから目を逸《そ》らさず、ありのまま受《う》け容《い》れることは、「よく生きる」ことにもつながります。

「死を話題にするなんて縁起《えんぎ》でもない」と、むやみに避けてみたり、逆に死者を美化して崇めたりするのではなく、死を等身大《とうしんだい》でとらえることが大切なのです。

子どもたちにも、命や死についての教育をきちんとしなければいけません。最近は「死んでも生き返れる」と本気で考えている子どもが多いと聞きます。ゲームのキャラクターのように、人間の命も簡単にリセットしたり、よみがえったりできると思うのでしょうか。私はこの話を聞いてとても恐ろしくなりました。

たましいが「再生」するのはたしかです。しかしそれは、「生き返る」、つまり死んだ人がすぐに同じ人物としてもとの生活に戻れるということでは決してありません。今ある自分の人生はたった一度きり。やっと授《さず》けていただいた貴重な人生なのです。

死というテーマと深く向き合うには、身近な人の死を経験することも大切です。

その点でも、今のように各家族が孤立していてはいけないのです。ふだんから他人同士が広くかかわり合い、家族のように交流する「疑似家族」社会が望ましいのです。

★自殺と憑依の関係

最後に、自殺と憑依《ひょうい》の関係について少しふれておきます。

第2章に、自殺したたましいのなかには、自分の死をなかなか実感できず、何度も自殺のやり直しをしている霊がいると書きました。そういう霊を「地縛霊《じばくれい》」と言い、数は決して少なくありません。特に、いわゆる自殺の名所には、たくさんの地縛霊がいます。

もう肉体はないのに「自分はまだ生きている」と信じ込んでいる地縛霊は、自殺をやり直すために、ときに生きている人間の体に乗り移ります。そして「今度こそ死に切ろう」と思い、その体ごと、また自殺するのです。しかしそれでも依然として意識も記憶もある。するとその霊は「また死に切れなかった」と思い、自分が死んだことに本当に気づくまで、えんえんと憑依と自殺をくり返すのです。

乗り移られた人間にすれば、いつのまにか憑依を受け、その勢いで自殺に至ったということになります。このような霊的背景があっての自殺は、実際ととても多いのです。ふだんから「死にたい」と思いつつ、それでもなんとか生きていた人が、何かの拍子に自殺してしまったような場合は、憑依によって勢いがついてしまった可能性大です。

しかし、自殺を憑依のせいにするのは絶対に間違いです。霊は無差別に人を選んでいるわけではありません。「波長の法則」、つまり「類は友を呼ぶ」の法則どおり、自分の心境とぴったり合う人、つまり同じ波長をもつ人に乗り移るのです。地縛霊と共鳴する心が憑依を呼び込んでしまうのです。また、霊のほうには「この人に入ろう」と思った覚えも、乗り移ったという自覚もありません。道連れにしようという意図や、まして悪気があるわけではないのです。気がついたら入っていたという感じです。

「死にたい」という心境でいるだけでも、非常に危険だということがおわかりいただだけたでしょうか。そのような気持ちが少しでもあるときは、地縛霊の多い自殺の名所になど絶対に足を運んではいけません。死にたいくらいに落ち込んでいるときは、地上の楽園のようなリゾート地や、聖地やパワースポットへ出かけるに限ります。

第4章

いのちを絶とうとしている あなたへ

1　生きていく自信や希望をなくしているあなたへ

第4章は、今まさに自殺を考えている方たちに向けて綴《つづ》ります。自殺したいと思う動機にもいろいろあります。いくつもの動機が複雑にからみ合っている方もいるでしょう。その動機を一つずつ、スピリチュアルな視点で見ていきます。あらゆる動機を網羅《もうら》できたとは思えませんが、「生きることの真理」を見つめ直すうえで、本章が何らかのヒントになることを願います。

★生きていくのがこわい

世の中や人間というものがとても恐ろしく思え、「生きていくのがこわい。私には人生に立ち向かう勇気などない」と思っているあなたは、ほかの人たちが強く見え、弱い自分を責めているかもしれません。

でも、そこで殻《から》に閉じこもらないでほしいのです。あなたが感じていることはまったく間違っていません。この世は本当にこわい。私だってこわいです。人々は物質的な欲望に目を血走らせ、傍若無人《ぼうじやくぶじん》にふるまい、罵詈雑言《ばりぞうごん》を浴びせ合っている。そんなこの世がこわくないはずないのです。でも、傍若無人に見える人たちでさえ、本当はあなたと同じように、生きるのがこわくてひとりぼっちでぶるぶる震えています。だから仲間を作ってつるみ、威勢よくふるまったりしているのです。

すでに書いたように霊的世界には「地獄」は存在しません。あるのは、地獄のような心境でいるたましいたちが、みずからの思いにより作っている世界です。

それよりもこの世こそ地獄と呼ぶにふさわしいのではないかと私は思います。この世が存在する意味は、「たましいたちが未熟な部分を持ち寄って学び合うトレーニングジム」なので、未熟さと未熟さがぶつかり合って地獄さながらの様相を呈《てい》することがあるのは自然なことなのです。

ではなぜ、多くの人が、それでもこの世を生きていけるのか。ひとつには、「この世はトレーニングジム」と、頭では知らなくても、奥底にあるたましいが理解しているからです。そしてもうひとつは、地獄であっても、ときおり蓮《はす》の花に出会えるからです。
「真善美《しんぜんび》」と「愛」に満ちたあの世を見渡す限りのお花畑にたとえると、この世はまさに一面の泥の沼です。それでもぽつん、ぽつんと、蓮の花が咲いています。蓮の花で埋め尽くされてはいませんが、ひとつも見つからないということもありません。たまに見つけたときの喜びが生きるエネルギーにつながるのです。泥のなかから咲くその気高さにふれると、「生きていてよかった」「さあ、生きよう」と思えるのです。

この世のあらゆることが、泥と、蓮の花の関係にたとえられます。
毎日のつらい努力を泥とすると、その努力によって得た小さな成果が蓮の花。
悩み苦しんだ問題を泥とすると、そこから学んで得た小さな悟《さと》りが蓮の花。
醜《みにく》い人間関係を泥とすると、そのなかでふれた、ある人の心の美しさは蓮の花。
未熟な自分自身を泥とすると、やっと気づいて成長できた、ほんの一歩が蓮の花。
蓮の花は、探せば必ずあるのです。自分で咲かせることもできるのです。ひとつ、またひとつと、蓮の花を愛《め》でながら生きていきましょう。その小さな喜びを灯《あか》りとして世の中に立ち向かうことだけが、人生に対する恐れに打ち克《か》つ道です。ひとつずつの花を大切に心に摘《つ》んでいけば、心のなかがやがてお花畑になります。そのお花畑を大切に作りあげていくことが、人生の醍醐《だいご》味《み》なのではないでしょうか。

忘れてはならないのは、生きるのがこわいのはあなただけではないし、こわく感じるのは当然なのだということ。そして、この世が真の闇《やみ》ならば生きるのは本当にいやだけれど、泥のなかにも必ず蓮の花が咲いていて、あなたにもそれを見つけることができるということです。

★生きることが虚しい

今までがんばって生きてきたけれど、ふと人生が虚《むな》しくなってしまった。一度の挫《ざ》折《せつ》をきっかけに、積み重ねてきた努力までが虚しく感じられるようになってしまった。人生はしょせん虚しいもの――。

このような心境でいるあなたは、虚しくなることの意味をとり違えています。

「心が虚しい」と「人生が虚しい」を結びつけてはいけないのです。虚しくなったということ自体に、大事な意味があるのだとわかってください。

心が虚しいのは、実は、あなたのたましいがさらなる充実を求めているというしるしです。本当の目的に向かいたいと願っているしるしです。あなたのたましいは、今の環境から学びとるべきことはすでに学び終えていて、次の課題に進みたいと望んでいるのです。

もしくは、今までしてきたことは、あなたのたましいにとって、なんらかの間違いや無理があったのかもしれません。たとえば物質的な価値をがむしゃらに求めてきたものの、それではたましいは満たされず、本当の目的とのずれが「虚しい」というかたちで表に出てきたのかもしれません。

人間は、自分自身のたましいに成長と喜びを与えてくれることをしている限りは、決して虚しくなったりしないものです。虚しさは「あなたがこれから進む道はそっちではありませんよ。もっと生き生きとした喜びを得られる道がほかにありますよ」と教えてくれているのです。

「今までしてきたことはみんな無駄だった。あんなにがんばったこともまったく意味がなかった」といった思いは、厳しいようですが物質主義的価値観にほかなりません。たましいの視点では、人生において失うものはひとつもないのです。たとえ目の前からあなたの努力の成果が消えても、それまでに得た経験と感動は、誰にも盗まれない宝としてたましいに永遠に刻《きざ》まれています。その積み重ねのうえにこそ、あなたの未来を作っていけるのです。大切なのは、過去と現在に執着《しゅうちゃく》せずに、新しい未来に切り替えるべきときが来たら、上手に切り替えることです。

虚しさに陥《おちい》らないためには「生きることの真理」と「真善美」とともに生きることが大切です。いくら頭で虚しいと思っていても、あなたの本質であるたましいは、「生きることが虚しい」とは決して思っていません。新しい明日、新しい経験と感動を、心待ちにしているのです。

★生きていてもひとりぼっち

孤独も、自殺の動機には多いことです。自殺をする人はほとんど孤独を抱えています。でも、孤独に震えているのは自分だけではなく、心を開いてさえいれば「愛の電池」をためてくれる人が現れると信じることが大切です。

ある特定の人からもらえなかった愛に固執《こしゅう》しすぎるのもいけません。たとえば親に愛してもらえなかったことを、大人になってからも引きずり続ける人は本当に多いのです。私のある知人は、実際それで自殺してしまいました。幸せな結婚をし、お子さんにも恵まれ、平穏に生きていた五十代の女性でした。でも心のなかは、「お母さんに愛されたい」という子ども時代の思いにずっととらわれていたのです。その方には、今ある家庭の幸せや愛にもっと気づいてほしかったと心から思います。けれど、子どものころに充電されなかった「愛の電池」の誤作動《ごさどう》で、それができなかったのです。

あなたが死にたいほどの孤独を感じているなら、本当に自分は孤独なのか、心を閉ざしているだけではないか、もう一度よく考えてほしいものです。

そしてもっと大切なのは、孤独を感じる人がひとりもいない、あたたかい世の中をみんなで作ることなのです。

★この世に絶望している

毎日のように報じられる残虐《ざんぎゃく》な事件や、卑劣《ひれつ》な詐欺《さぎ》のニュースを聞くと、「この先、世界はどうなってしまうんだろう」と、暗澹《あんたん》としてしまいます。世の中に絶望しきって「こんな世の中に生きていたくない」と、自殺まで考える人もいるかもしれません。

しかし、自殺によって自分だけ絶望的な世の中から逃げ切ることはできません。私たちはみな、ひとまとまりの「類魂《るいこん》」だからです。あなたも類魂の一部ですし、逆に言うと、あなたのなかに類魂全体があります。ですから、たとえ死んでもまた生まれてきます。類魂全体が浄化《じょうか》してこの世を卒業するまで、あなたも何度も何度もこの世に来るのです。絶望的な世であればあるほど、それは長い道のりでしょう。

そもそも、この世を絶望的にしているのは誰でしょう。私たち一人ひとりです。自分自身に覚えはなくても、たましいではみんなつながっているから連帯責任なのです。現実に罪をおかすのは一部の人たちですが、彼らが犯罪に走る根底には、孤独や疎外感《そがいかん》があるのです。そして疎外しているのは社会全体です。

厳しく聞こえるかもしれませんが、そのように自覚してこそ、この世をよくしていく道も見えてくるのです。一人ひとりが意識を変えることでしか世の中は変わりません。一人ひとりが救世主なのです。絶望的な世の中だからこそ、そのなかで生き抜いて、少しでもよくする行動をとることが大切です。

また、自分に見えている風景は、自分自身の心の映し出しだということも忘れてはなりません。「この世は地獄」と思っている人は、心のなかに地獄があるのです。そこから逃れる一番の方法は、心の地獄を天国に変えることです。高い波長をもつ心だけが、「波長の法則」により、高い波長の人との出会いやできごとを引きよせるのです。そして、みんなが高い波長をもてば、この世そのものが天国になります。

ものごとの表面ばかり見て、変えられないことを嘆くより、自分自身のたましいを内観《ないかん》しましょう。そこから、絶望感を癒《いや》す道も開けてくるのです。

2　死や死後の世界を美化しているあなたへ

★美しいまま死にたい

死にたい理由が、「美しいままでいたいから」という人もいます。

たとえば「これ以上歳《とし》をとって老醜《ろうしゅう》をさらしたくない」「病気でやつれてしまう前に死にたい」という気持ち。これは、容姿の美を保ったまま死にたい場合です。

あるいは思春期を迎えた十代が「大人になる前に死にたい」と思う。これは、醜い社会で汚《けが》れてしまう前に、心が清らかなまま死んでしまいたいと願う気持ちです。大人でも、自分自身の美学と現実とのギャップに苦しんだ末に自殺を選ぶ人がいます。特に芸術家タイプの人によくいます。

「幸せの絶頂にいるまま死にたい」という心理もあるでしょう。たとえば苦労続きで生きてきた人が、信じられないほどの幸せを手に入れたとき、「夢なら覚《さ》めないうちに死にたい」と願う。そんな死の動機もあるかもしれません。

これらの切ない気持ちを、人間としてわからなくはありません。しかしこの世にも、この世でしか味わえない美学があるのです。それは「苦の美学」であり、「乗り越える美学」です。「蓮の花を見つける喜びの美学」です。

「枯れることの美学」もこの世ならではのものです。花には、芽、つぼみ、開花、それぞれの時期の美があります。しぼむとき、枯れるときもそうです。枯れていくときだけ醜いということはありません。人間の老いも、決して醜くはないのです。みずからの命をそっとたたんでいく花の姿が美しいように、人間の老いにも、歳を重ねることでしか身につかない美しさがあるのです。この「枯れることの美学」を一番よく理解できるのは、本当は、わび、さびの心をもつ日本人だと思うのです。

また、たましいには永遠の若さと美しさがあることもぜひ知っておきたいことです。霊的世界には、年齢も老化もありません。誰もが霊的世界に帰ると、自分が生前もっとも輝いていた時期の姿に戻ります。だいたい二十歳ぐらいに戻る人が多いようです。

いずれ美しい世界に帰り、若さと輝きをとり戻すのですから、この世でしか味わえない美学をもっと味わったほうがいいと思うのです。

★死後の世界に憧れている

死後の世界に強い興味をもつ人がいます。「死んだらどうなるんだろう」「天国って本当にあるのかな」といった疑問は誰でももつものですし、興味自体は否定しません。

しかし心霊にまつわる本をあれこれ読みあさり、現実そっちのけでその方面にばかり知識を増やしてしまうのには疑問を感じてしまいます。それでは、この世という旅先にはるばる来た意味がありません。それに、知識がそのようにアンバランスになると、現実の問題に対処できなくなってしまいます。

死後の世界はたしかに美しいところです。幽界《ゆうかい》の中層部から上層部にかけてはまさに天国のようで、その美しさを形容する言葉も、再現する色彩も、この世には存在しないほどだと言います。しかし、自殺直後にこうした美しい階層に行くことはありません。長い長い反省のときを暗闇ですごし、ようやく後悔《こうかい》も癒《い》えて真理に目が向いたときに、やっとそうした階層へと昇っていけるのです。

この世にいながらあの世に憧《あこが》れるのは、わざわざ行った旅行先で、家のことばかり考えてすごすようなものです。いつかは必ず帰れるのです。帰りたくなくても必ずお迎えが来ます。人生などどのみち短い旅。焦《あせ》って帰って後悔するのはとても惜《お》しいことです。

★信仰のために死にたい

人類の長い歴史のなかには、「神に命を捧《ささ》げる」という死に方が世界各地に存在しました。自然を畏《おそ》れ、豊穣《ほうじょう》と平安を一心に願いながら生きてきた昔の人たちにとって、それもひとつの信仰心の表現だったのでしょう。

現代でも、信仰のために死んでいく人々がいます。カルトと呼ばれるような宗教団体の集団自殺などがそうです。

しかし霊的真理のうえでは、神が人間の死を望むことはありえません。まして自殺を美化するなど考えられません。神のために死んだ人だけが天国に行けて、この世で懸命《けんめい》に生きている人は救われないなど、おかしな話なのです。もしそうなら、この世は何のためにあるのでしょう。

私が視《み》ている限り、そうやって死んでいった人たちのたましいは例外なく後悔に苦しんでいます。行けるはずだった天国にも行けず、会えるはずの神にも会えず、信じていたこととの間違いに死んでようやく気がつき、パニックに陥っています。

ただし生まれ育った環境や文化によっては、幼少時からそれを信じ込んで育つ人もいます。霊的世界で問われるのは当人の「動機」のみですから、そういう人に対しては情状酌量《じょうじょうしゃくりょう》があることはたしかです。

ともあれ、信仰のため、神のために死ねば、天国の高い境地へ行けるなど、霊的真理に立てばありえないことはどうぞご理解ください。

また、自殺する場所として神社仏閣や聖地、宗教施設などを選ぶ人がいますが、それで天国に行けると考えるのも間違いです。

神は決して人を区別しません。まして信仰の内容や、死んだ場所によって区別したりなどしません。神が見るのは、その人のたましいの純粋さと輝きだけです。

そもそも神は擬人化《ぎじんか》されて語られるような存在ではありません。「愛」と「真善美」のエネルギーそのものです。ですから、「真善美」とともに生きている人は、この世にいても、つねに神といるのと同じなのです。「天国に行くために自殺しよう」と考えていること自体、「真善美」から離れてしまっているのです。

3　病気や心の苦しみから逃れたいあなたへ

★病気やケガがつらい

病気やケガにより、体が思うままにならないのは本当につらいものです。その痛み、苦しみがあまりにも激しく、ほっとするまさえないほどだと、「早くこの肉体から解放されたい」と、自殺を考えるようになる人もいます。

その気持ちはとてもよくわかりますが、あなたももしそのひとりなら、その苦痛は決して永遠に続くものではないことをご理解ください。肉体の苦しみは、死とともに肉体を脱《ぬ》ぎ捨てるまでのことです。霊的世界に帰ればすべての苦痛は消えます。失明した人にもすべてがはっきりと見え、足の不自由な人も好きなように飛びまわれます。

「だからこそ死にたいのです」とあなたは思うかもしれません。しかし、今の肉体の痛み、苦しみと、自殺をしたあとに暗闇のなかで味わう後悔の苦しみとでは、後者のほうが圧倒的につらいのです。ですからどうぞ生き抜いてください。それはただ「我慢しなさい」ということではありません。まわりの人たちに大いに甘えてください。甘えることは決して悪いことでも、恥ずかしいことでもありません。大人になると、特に男性は人に甘えられなくなるものですが、甘えていいのです。

「でも甘えるなんて、依存しているようで好きではない」と思う人もいるでしょう。そう思うあなたは、もともと自立できているのです。そうでなければ甘えることに抵抗を感じたりしません。自立しているのはすばらしいことですが、だからこそあなたには甘えるという勉強も必要なのです。

甘えることにより、なんでも自力で解決していたころには気づけなかった、人のやさしさ、支え合いのすばらしさに気づくことができます。甘えることがすばらしいのではなく、それによって得られるこうした「気づき」がすばらしいのです。その機会を病気はプレゼントしてくれているととらえてはどうでしょう。

もちろん、いくら甘えても、痛みそのものは消えはしません。しかし緩和《かんわ》はされます。たったひとりで痛みに耐えるのと、誰かが「いっしょにがんばろうね」と言ってそばにいてくれるのとではずいぶん違います。子どものころに高熱を出したときのことを思い出してみてください。苦しくても、お母さんか誰かがそばにいてくれれば、心は安らかだったのではないでしょうか。体の痛みや苦しみは、人がくれる愛のぬくもりによって緩和されるのです。それを「分かち合い」と言います。

病気やケガは、ほかにも多くのことを教えてくれます。花ひとつ、雲ひとつの見え方も違ってくるでしょう。誰もが輪のなかのハツカネズミのように走り続ける今の時代に、療養の時間は内観と気づきの貴重なチャンスを与えてくれます。

そこで見えてくる人生の美しさを味わうことも、あなたのたましいにはかけがえのない経験と感動になるのです。

★病気でまわりに迷惑をかけることがつらい

病気やケガをすると、そのことでまわりの人に迷惑をかけてしまうという悩みも生じます。「私さえいなければ」と思えて、とてもつらいことでしょう。

しかし迷惑をかけずに生きている人などひとりもいません。誰だって、ただ生きているだけでも他人にお世話になり、知らず知らずのうちに迷惑もかけているのです。私たち人間は、迷惑のかけ合いによって学んでいるとも言えるのです。

それに、たましいの視点では「迷惑」は存在せず、すべては「分かち合い」です。みんなが同じひとつの源《みなもと》をもつ「類魂」だからです。他人と分かち合えない苦しみや悲しみなどこの世にひとつもありません。そして、分かち合いによって乗り越えられない苦しみや悲しみもありません。

そして、一方通行の「分かち合い」もありません。あなたが病気やケガをして、まわりの人がその苦痛を分かち合ってくれるとき、同時に彼らのたましいも経験と感動を得ています。たとえばあなたが病気を克服すれば、まわりの人も喜びという感動を得ます。あなたが病気と共存しながら生きることを選べば、まわりの人もあなたのたくましさに勇気づけられます。ですから負担に思うことはありません。ただ彼らへの感謝の気持ちだけ忘れなければ、それでいいのです。

もちろん、看病してくれている人の自由や楽しみを奪ってしまっていると感じるのはとても心苦しいものでしょう。けれども、迷惑をかけているのが時間やお金などの面ならば、それらはしょせん物質なのだと割り切ることも大切です。あなたは相手のたましいにまで迷惑をかけてはいません。それに、くり返しますが、彼らも学びを得ているのです。必要以上に気に病むより、感謝をもち続けることのほうが大事です。

もし迷惑と呼べるものがあるとすれば、あなたが「私なんていないほうがいい」というネガティブな意識をもつことです。人間は、前向きにがんばろうとしている人には自然と力を貸したくなるものですが、ネガティブな意識が強い人には力を貸そうという気が起こりません。あなたが「私なんか」と思っていたら、彼らは看病の喜びを感じにくくなってしまいます。お互いの関係もぎくしゃくしてしまうでしょう。

申しわけないという気持ちをどうしても拭《ぬぐ》えなければ、内にためこまずに口に出してみてごらんなさい。「私なんか生きていても迷惑をかけるばかり。あなたには本当に申しわけない」と、思っているとおり言ってみるといいのです。そして相手の答えに耳を傾けてください。「そんなことはないよ」とほとんどの人が言うはずです。「そんなことを気にするよりも前向きな気持ちになってほしい」と。

なかには心ないことを言う人もいるかもしれません。でもそれは、その人のたましいの未熟さや「愛の電池」の枯渇《こかつ》の結果、出てしまった反応です。その人もいずれ経験から学び、「私が冷たかった。間違っていた」と気づくときが必ず来ます。

★うつから立ち上がれない

スピリチュアルな視点から言うと、うつ病とは、心身の疲労の蓄積などにより、「愛の電池」が完全に切れてしまった状態です。

対処法は、ただ休むこと以外にありません。無理にがんばろうとしたり、焦って治そうとしてはいけないのです。

「愛の電池」がただ不足しているだけのときは、まだ誤作動を起こすくらいのエネルギーが残っています。愛さえ注がれれば立ち直ることもできます。しかしうつ病の人は完全に電池が底をついているわけですから、今すぐ無理に動こうとするのはむしろ危険です。ますます消耗《しょうもう》し、壊れないとも限りません。

そもそもなぜ、うつになる人たちは、完全に「愛の電池」が底をついてしまうまで疲労をためこんでしまうのでしょう。それは、気負いをもちすぎるからです。「私の力でできる」「これは私にしかできない」「私がなんとしてもやらなくてはみんなが困る」と、ひとりで抱え込み、がむしゃらにがんばってしまうからです。

がんばることは立派です。その気負いにより、なにごともある程度までは達成できるでしょう。しかし世の中に、たったひとりでできることは限られています。それなのにがんばり続けると、しだいに息が切れ、体と心にどんどん無理がかかってきます。そしてついに力尽き、「私にはできるはずなのに、おかしいな。どうしたんだろう」と自分を責めに責めて、どんどん深みにはまっていき、うつ病になってしまうのです。

人はみな、多くの他人の愛に支えられ、霊的世界の愛にも見守られながら生きている小さな小さな存在です。そうした愛に依存しすぎてもいけませんが、自分ひとりでできることには限りがあると自覚する謙虚さも大切です。自分以外の力にゆだねるべきときもあるのです。できないことは「できません」、手に負えないことは「お願いします」、疲れたときには「休ませてください」、そう素直に言える謙虚さも必要なのです。

自分の力には限りがあるという謙虚さがあれば、たとえ批判されても、叱《しか》られても、傷ついたりしません。「まだまだ未熟ですみません。でもがんばります」と微《ほほ》笑《え》んで言えます。それは卑屈になることとは違います。今より向上しようと努力しながら、まだできないことについては素直に認める。そういう自分でいたほうが無駄に苦しむことはなくなりますし、かえって多くのことを学ぶ余裕をもてるのです。

気負いすぎて、試練を越えられない自分を責めてしまう。批判されたり叱られたりすると、深く傷ついてしまう。うつに陥りやすい人に共通するこうした反応は、謙虚さを忘れていることの表れです。この「謙虚さを忘れた状態」を、『スピリチュアルメッセージ　生きることの真理』（飛鳥新社）という私の著書では「傲慢《ごうまん》」という表現しました。すると一部の読者から「うつで苦しむ人に傲慢と言うなんてひどい」という批判をいただきました。しかしそれは「傲慢」という言葉を表面的にとらえたために生じた誤解なのです。

うつに陥る人が今増えているのはなぜか。ひとつには、「できる自分でないと受《う》け容《い》れてもらえない」という空気が世の中にあるからではないかと思います。物質主義的価値観により、「何の役に立つか」「どれだけできるか」が人間に対しても要求されているため、「できません」とはなかなか言いにくいのです。

がんばることはもちろん尊《とうと》いことです。でも、それで自分自身を追いつめてしまったのでは、自分が主人公の人生ではなくなってしまいます。まして、気負いすぎて自分を追いつめ、ついに自殺に至ってしまうのは、あまりにも悲しすぎる結末です。

「できないこともある他人」を受け容れ、愛しましょう。同様に「できないこともある自分」を愛《いと》おしみましょう。「できない」「休みたい」と素直に言える、子どものような心でいれば、うつになることは防げますし、立ち直ることもできるのです。

★精神の安定を失っている

うつ以外にもさまざまな心の病があります。心の病には、体の病とはまた違った苦しさがあります。病までいかないにしても、精神状態がいつも不安定な人は、自分自身の心をコントロールしきれない苦しさを常日ごろ抱えていることでしょう。

精神の安定を欠いた状態が高じると、鬱積《うっせき》しているストレスやいらいら、怒りなどが、なにかの拍子に噴き出し、パニックのなかで自殺してしまう可能性がありま す。ドラッグやアルコールによる深い酩酊《めいてい》状態がその引き金となることもあるので、これらが習慣となっている人はくれぐれも注意が必要です。

幻覚、幻聴に悩まされた挙げ句、自殺してしまう人もいます。たとえば「死ね、死ね」という声が絶えず耳もとで聞こえ、ノイローゼになって自殺してしまうのです。もちろんこの声は幻聴なのですが、本人には真に迫って聞こえ、被害妄想《もうそう》から「殺される前に死んでしまおう」と考えてしまいます。

今そういう現象に見舞われている人は、決してその声に負けないでください。幻聴には、この世をさまよう霊がかかわっていることも多いのですが、自分ではねのけることは可能なのです。「死ね、死ね」と聞こえたら「いやだね」とか「おまえこそ死ね」などと切り返すことです。恐れていては相手の思うツボ。しつこく聞こえたら、しつこく言い返してください。続けるうちに自己暗示の効果も生まれ、勝てるという自信が湧《わ》いてきます。そうなればしめたもの。「波長の法則」の働きで、さまよう霊のほうから離れていきます。

このようなことがたびたび起きる人は、努めて「真善美」にふれるよう心がけてください。するともう低級な霊は寄ってこなくなります。

トラウマも心の苦しみのひとつです。たとえば、子どものころに親から虐待《ぎゃくたい》を受けたというトラウマが、大人になっても心の重荷になっている人がいます。自分がとても忌《い》まわしい人間に思え、自分という存在そのものを消してしまいたいとさえ考える人もいます。

あなたがもしそのひとりなら、実はそれもまた、自分自身をものと見なす物質主義的価値観なのだとわかってください。たましいのある人間として大切にしてもらえなかった生い立ちゆえに、そう思い込んでいるのです。しかしたましいは、ものと違って傷つけられたりしません。体や心は傷を受けても、たましいは誰にも傷つけられないのです。

大人になってからでも遅くはありません。ものではなく、たましいをもった人間として、今日から誇り高く生き始めてください。そうすれば必ず本当の幸せを手に入れられます。まず、枯渇している「愛の電池」を満たす人間関係を築くこと。「愛の電池」を注いでくれる人と出会うことをあきらめず、どうぞ前を向いて生き抜いてください。

4　耐えきれない重荷に喘ぐあなたへ

★借金に苦しんでいる

借金を苦にしての自殺は、特に中高年の男性に多いようです。どんなに働いても返済できない借金。この先も返せる目処《めど》はなく、このままでは家族を苦しめるばかり。自分が死ぬことで家族を救い、責任をとろう――。

そのように自分ひとりで思いつめた末に、自殺に至ってしまうのです。ひとりですべてを背負《しょ》い込み、本当は家族とともに生きていたいのに、死を選ぶ。その心は家族への切なる愛を感じさせ、この世の目には尊いものかもしれません。

しかし、借金苦は越えられない苦しみではありません。破産という道もあるのです。破産することは「負け」ではありません。その勇気ある決断をどうして負けと呼べるでしょう。負けだと思うのは、表面しか見ない物質主義的価値観です。お金や財産など、しょせんこの世の方便にすぎません。人生で手に入れる物質はどれも借りもので、自分のものなどひとつもないのです。あの世にもち帰れるものではありません。

それより大事なのは自分の人生を生き抜くことです。

今あなたが借金苦から自殺を考えているなら、どうぞよく考え直してください。家族を助けるためといっても、助けられるのは物質面だけです。あなたが自殺すれば、彼らの心はかえって暗闇に放り込まれてしまうのです。その苦しみは、借金苦よりもはるかに重いでしょう。そんな家族の様子を見て、死んだあなたのたましいも暗闇に閉じこもっていくでしょう。離ればなれの状態で、どちらも闇のなかにいるくらいなら、ともに生き、ともに苦労することのほうがどれだけすばらしいかわかりません。

今までと同じ水準の生活を家族にさせなければと思うことも、厳しいようですが物質主義的価値観です。たとえ狭い住まいに移ることになっても、みんなで食べるご飯はおいしいのです。

ときには家族に対する申しわけなさに胸が痛むでしょう。その痛みが、「自分はこんなにも家族を愛していたんだ」と、教えてくれるでしょう。その胸の痛みを苦しみにせず、「家族のために今日もがんばろう」というエネルギーに変えることです。誰かのためにがんばれるということは、人生の幸せのひとつなのです。

最初は苦しくても、支え合って生きてさえいれば、失った物質をまた一から築き上げていくことだってできます。そしてそれは、生き続けなければできないことです。

家の経済を立て直せるまでのあいだ、生活保護などを受ける場合もあるでしょう。これも決して負けることでも、恥ずかしいことでもありません。あなたは今まで懸命に働いて、税金を納めてきた。そこから一部をいただくだけのことです。

また、今まであなたは自分の家族を養ってもきた。自営業者の方なら従業員とその家族の生計をも、月々のお給料を通じて支えてきた。それが今度は、あなたが何らかのかたちで誰かのお世話になるというだけです。しかも未来永劫《みらいえいごう》それが続くわけではありません。

そうやって順番に支え合って生きるところに、人と人とがこの世で出会い、かかわり合う意味があるのではないでしょうか。

★借金や破産で迷惑をかけるのがつらい

前項の続きにもなりますが、あなたの借金や破産が多くの人たちに迷惑をかけるとしたら、それはなかなかつらいものでしょう。あなたが自営業者なら、家族だけでなく従業員の方たちの人生まで大きく変えてしまうかもしれません。あなたが責任感の強い人であればあるほど、それは耐《た》え難《がた》い苦しみとなるでしょう。

しかしたましいの視点では、従業員の方たちがあなたの会社に勤めているのも、偶然ではなく意味があってのことです。「波長」と「因果《カルマ》」によって引きよせられてきた人たちなのです。あなたの会社で苦労を味わい乗り越えることは、彼ら自身が果たすべき学びでもあるのです。「申しわけない」とあなたが思い、一生謝《あやま》り続けるのはとても尊いこと。しかし「すべて私のせい」とまで背負い込むことはありません。

この世のことはすべてフィフティ・フィフティです。一方的な迷惑も、一方的な被害もありません。なにも私は、あなたに無責任になることを勧めているわけではありません。ただ、彼らには彼らの学びのカリキュラムがあり、乗り越えるためのたましいの筋力もそなえて生まれているのだということに気づいてほしいのです。

家族も同じです。あなたのパートナーは、「波長」と「因果《カルマ》」であなたと結ばれた、学びの仲間です。子どもも、あなたという親を選んで生まれてきたのです。あなたとともに学ぶことを、彼らのたましいは選んだのです。「うちに生まれたばっかりに」と親があわれんでばかりいたら、子どもも「そうか、ぼく（私）はこんなうちに生まれてかわいそうなんだ」と思い込んでしまい、かえってかわいそうです。

家の経済事情により、子どもが志望校へ行けなくなる場合もあるでしょう。しかし、それで子どもの前途《ぜんと》が完全に閉ざされるわけではありません。奨学金《しょうがくきん》制度を利用することもできますし、本人に「これを学びたい」という明確な意志とやる気があれば、独学したり、自力で学費を貯《た》めて、将来社会人入学をすることも可能です。そういう子は「かわいそうな子」どころか、「たのもしい子」です。

子どもがかわいそうな子になるか、たのもしい子になるかは、親の導《みちび》き方しだいです。「迷惑をかけてすまないが、お父さんお母さんもがんばるから、おまえもがんばれ」と前向きに導けば、きっとたのもしい子に育ちます。「立派な学校へ行かせてやれないおれは親として失格だ。おまえたちの人生をめちゃくちゃにしてしまった。かわいそうな子だ」などとくり返し聞かせれば、本当にかわいそうな子になります。「立派な学校へ行けないのは、人生がめちゃくちゃになることなんだ」と信じてしまうかもしれません。

そもそも「家族には絶対に迷惑をかけてはいけない」という気遣《きづか》いは、本当に心が通い合った家庭にはあまり必要ないのではないでしょうか。もちろんある程度は必要です。でも家族である以上、迷惑をかけ合うことがあるのは自然ではないでしょうか。

スピリチュアルな視点で見ると、人間がこの世で家族を作るのは、「類魂」を理解するためです。家族とは、いわば「類魂の現世《げんせ》版」なのです。霊的世界での類魂は、文字通り一体で、すべてを分かち合っています。しかし物質界では、家族は一人ひとり別の肉体をもっています。それでも誰かが困ったときは、霊的世界の類魂のように一体となって分かち合い、愛を学ぶのです。

★過労で疲れ切ってしまった

過労の末に自殺してしまう人もあとを絶ちません。

過労にも、仕事によるもの、介護《かいご》や育児によるもの、さまざまあるでしょう。いずれにしろ、過労に追いつめられている人たちは、体と心をすり減らし、たましいのエネルギーが底をつきかけている状態です。そこで自殺してしまうのは、よく考えた末のことではなく、ほとんどが衝動ではないかと思います。

先述のうつと同様、そこにあるのはやはり気負いなのです。

気負いをもって働くのは悪いことではありません。しかし、体や心からのSOSを無視してまで働き続けるのはいかがなものでしょう。「でも今ここでやめるわけにはいかない」「私がいなければ大変なんです」と生真面目《きまじめ》な人ほど言います。でも本当にそうでしょうか。酷《こく》な言い方になってしまいますが、この世の中、誰かひとりが休んでも、たいていのことはなんとかなるのです。

あなたは仕事をするために生まれてきたのではありません。仕事のために消耗していい命でもありません。仕事に自分の存在価値を求めるのは間違いです。あなたは、さまざまな経験と感動を通じてたましいを磨《みが》き、命を輝かせるために生まれてきたのです。仕事はその経験と感動を得るための場のひとつにすぎません。

仕事をやり遂《と》げることより、たましいをどれだけ輝かせて生きているかのほうがずっと大切です。輝きを失うほど消耗してしまうなら、休むか、場合によっては今の役目から潔《いさぎよ》く降りることも肝心です。なにも会社を辞めなさいというのではありません。少しのあいだ休職させてもらう、もう少し楽な部署にまわしてもらうなど、いくつもの道があるはずです。その分できた時間で、ゆっくり静養したり、カウンセリングを受けたりして、徐々に気力と体力をとり戻していけばいいのです。降りることは、負けることでも恥ずかしいことでもありません。明日のための前向きな行動なのです。

「脱線した」と、まわりの人々はあなたを見るかもしれません。しかし脱線できる人は幸せです。勇気あるヒーロー、ヒロインです。脱線する勇気をひとつもてなかったけに命を絶ってしまうより、ずっとすばらしいことです。

介護や育児で疲れ切っている人も同じです。限界を感じたら、人にお願いできることはお願いし、負担を軽くしてもらいましょう。ひとりで抱え込んでは、どのみち行きづまるときがきます。生真面目な人ほど、誰かにお願いすること、ゆだねることに抵抗を感じるものですが、だからこそ一度「ゆだねてみる」という勉強をしてみてはいかがでしょう。介護や育児に他人の力を借りるのは悪いことではありません。あなたが面倒をみるべき人に冷たくすることでもありません。あなたの心に愛があるかどうかが一番大切なことなのです。

★死んであやまちを償いたい

「自分はとんでもないあやまちをおかした。死んで償《つぐな》うしかない」という思いのなかで自殺を選ぶ人もいます。なにか重大な損失を人に与えてしまったり、罪をおかしたことに、命をもって償うというのです。この場合も、本当に死にたくて死ぬ自殺とは違います。

罪をおかしたという事実と、それによる罪悪感は、たしかに耐えられないほど重いものでしょう。けれど、死んで償うことはできません。肝心なのは、償いと反省の気持ちをもち続けることです。償いと反省の気持ちがなりれば、たとえ死んでも償ったことにはなりません。逆に言うと、償いと反省の気持ちが本当にあれば、死ぬ必要などなく、生きながら償い続ければいいのです。そのほうが本当の償いができるのです。

被害を受けた人と同等の目に遭《あ》うことが償いだという誤解が世の中にあるから、そのような自殺が起きてしまうのかもしれません。

しかし目に見えることだけを秤《はかり》に、罪と償いのバランスをとろうとする発想もまた物質主義的価値観です。たましいの視点では、死んだところでなんの解決にもなりません。自殺したほうのたましいも、されたほうの気持ちも、暗闇に閉ざされるだけです。生きてさえいれば、万が一でもいつかは和解できるかもしれないのに、その可能性も絶たれてしまうのです。

私が死刑に反対するのも同じ理由です。犯人に対して「死んで償うべきだ」と人々は言いますが、真の償いができるのは、命ではなく、心なのです。

5　人間関係に傷ついたあなたへ

★いじめに耐えられない

いじめを苦にしての自殺は、大人の世界にもないわけではありませんが、主に子どもに多いと思います。子どもはまだ経験も知恵も少ないですし、広い社会を知りません。それだけに学校でのいじめが大きな打撃となってしまいます。自分には生きる場所がない、と思い込んでしまうのです。

そういう子どもの自殺をくいとめるためには、転校させることも大事なひとつの選択だと思います。人生に、越えられない苦しみはなく、前向きに立ち向かうことが大事だといつも話している私ですが、自殺まで思いつめている子どもにそれを言うつもりはありません。闘い続けることばかりがすべてではないのです。「逃げるが勝ち」と考えたほうが、大局的には前向きと言える場合もあるのです。

私がそのように思うのは、カウンセリングをしてきたなかで、とんでもない学校が現実に存在するのをいくつも見てきたからです。どんなに本人が前向きに立ち向かい、親も先生や学校に懸命に働きかけても、とうてい歯が立たない学校もあるのです。そういう本当にひどい状況なら、転校しても決して困難に負けたことにはなりません。

転校させた場合は、決して子どもが挫折感をもたないよう、親の適切なフォローが必要になってきます。「ああいうふうにはならないようにしようね。いいことを学べたね。今度の学校では楽しくすごそうね」と、明るく導いてあげることです。

そして子どもには、ふだんから多くの他人にふれさせましょう。習いごとの教室、クラブ活動、ボーイ（ガール）スカウト、地域の集まりなどに参加して多様な仲間と接している子どもは、学校というひとつの社会でいじめられようと、死にたくなるほど思いつめることは少ないものです。ほかにも「居場所」があるからです。きょうだいのいないひとりっ子には、特にそういう環境が必要です。

です。

★死をもって仕返ししたい

誰かへの仕返しのために自殺を考える人もいます。自分をいじめた人、誹謗中《ひぼうちゅう》傷《しょう》した人、裏切った人に、自分が自殺することで一生後悔させてやろうというのです。

つらい目に遭えば、そういう気持ちになることもあるでしょう。そこまで人を憎むのは本当につらいことだと思います。けれども忘れてはならないのは、「因果《カルマ》の法則」は絶対であるということです。人が人を裁《さば》かずとも、「因果《カルマ》の法則」がきちんと働いてくれるのです。相手にも、自分のしたことを思い知り、反省する日はいつか必ず来ます。あなたの一番大事な命を、なにも仕返しのためになど使うことはありません。いつまでも憎しみを相手に向けていること自体が、相手に「負けました」と宣言しているようなもの。そのほうがよほど悔しいことではないでしょうか。

つらかったそのことは、もう「因果《カルマ》の法則」にゆだねてしまいましょう。相手は自分が蒔《ま》いた種をいつか必ず刈り取ります。そして、あなたに「申しわけないことをした」と気づき、反省します。たとえ今回の人生でそのときが来なくても、死後、あの世に帰ったときに必ず反省し、その人の次の人生などで刈り取ることになります。でも、私が見てきたところでは、蒔いた因果《カルマ》の結果は、同じ人生のなかで表れることが多いようです。

どんなにたっても相手に因果《カルマ》が返った様子がない場合もあるでしょう。そういう場合は、厳しいようですが、あなたにも非があったのです。「因果《カルマ》の法則」が働いていないせいではありません。それはそれで素直に受けとめる必要があるでしょう。

★失恋の悲しみから立ち直れない

失恋が自殺の引き金になることもあります。その動機は複雑なものでしょう。相手なしには生きていけないという思い。相手の気持ちをもう一度こちらに引きつけたいという思い。真剣に愛していたのだということを、命をもって示したいという思い。自殺すればいつまでも覚えていてくれるだろうという思い。もしくは、自分から離れていったことへの怒りと仕返し——。

どの動機も、人間としてよくわかります。しかし残念ながら、それは相手に対する本当の愛ではありません。「愛してほしい」という「だだ」なのです。

相手が自分から去っていっても、ほかの誰かと生きるようになっても、本人の望みどおりにさせるのが本当の愛です。自殺などして相手を困らせるのは、相手を愛しているのではなく、自分自身を一番に愛しているのです。相手を本当に愛しているなら、相手の幸せを祈り、あなたもまた心新たに生き始めることが大切です。

6 大切な何かをなくしたあなたへ

★死に別れた人のあとを追いたい

大切な人を亡くすのはとてもつらいものです。身近にいた人であればあるほど、その人なしの人生など考えられず、自分もあとを追って死にたいとさえ考えます。

私自身、両親を亡くしてから、何度ふたりのもとへ行きたいと願ったかわかりません。でも、追いかけたところで両親は喜ばないどころか悲しむだろうという思いが私を引き留めました。その後スピリチュアリズムと出会い、霊的世界というところは、あとを追いたくても追えない世界であることがわかりました。霊的世界は無数の階層に仕切られた世界です。そして、個々のたましいがみずからを内観して暮らす世界です。「面会」はできますが、死別した家族のたましいと、この世でのようにともに暮らすことはありません。

大切な人を亡くしたときは、故人はそのような別世界へ旅立ったのだと受け容れることが肝心です。追いかけていってもしかたないのです。まして自殺などすれば、あなたは暗闇に閉じこもり、「面会」もままならなくなります。

それよりも、悲しみを乗り越えて生き抜くことです。そうすればやがてあなたの寿命も訪れ、霊的世界に帰ります。会いたかったその人のたましいとも、まもなく再会できます。後追い自殺をするより、そのほうがずっと近道です。

肉体にこもっているあなたにはわからないかもしれませんが、故人のたましいは、あなたをいつも見守っています。あなたが悲しそうなときは、とても心配しています。あなたが自殺など考えようものなら、故人のたましいは悲しみに暮れてしまいます。

故人を本当に愛しているなら、安心させてあげましょう。悲しいからという理由で死ぬのは、故人よりも自分を愛していることになってしまいます。

いつかあの世で再会するときまで、どうぞこの世を生き抜いてください。「あなたが亡くなってから、とても寂《さび》しかったけど、がんばったよ」と胸を張って言えるように、悲しみを乗り越えてください。

★生き甲斐を失ってしまった

生き甲斐《いがい》——。それは人により違います。仕事や趣味であったり、地位や財産であったり、家族や恋人であったりとさまざまでしょう。

あなたが今、それを失って途方《とほう》に暮れているとしたら、さぞつらい心境でしょう。生きる希望まで見失いかけているかもしれません。

でも、どうか忘れないでください。たましいの視点では、失うものは何ひとつないのです。仕事も、地位や財産も、恋愛も、みな学びのための教材にすぎません。それ自体を目的として私たちは生きているのではなく、それらを通じてたましいを磨くために生きているのです。夢中になるのはすばらしいことですが、それ自体にあなたのアイデンティティを重ね合わせるのは間違いなのです。

大事なものを失ったなら、失ったことに意味があるのだと受けとめてください。ひとつの舞台が終わり、次の新たなる舞台が用意されているのだと、むしろ希望をもってください。

とてもそのようには考えられず、「生き甲斐を失ったからには生きていけない」と、自殺を決心する人もいるでしょう。その覚悟が本当に固いものならば、誰にもそれを止めることはできません。

しかしどうか、そのままでは死なないでください。すべてを捨てるからには、その前に一年ほど、自由奔放《じゆうほんぽう》に生きてみてからにしてほしいのです。いわば「死んだつもりで生きてみる」のです。

ツアー旅行にたとえれば、今までの人生は、かっちり予定が組まれた行程でした。

つまり、いつも「やるべきこと」に縛られていたのです。だからこそ、人生のフィナーレに、フリータイムの日をすごしてほしいのです。

貯金の残高も周囲の目ももう気にせず、自分をのびのびと表現しながらすごしてごらんなさい。ずっと行きたかった国へ旅してもいい。ホテルのスイートルームを泊まり歩いてもいい。好きなだけマンガを買って、毎日読んでもいい。人に迷惑をかけさえしなければ、なんでもしていいのです。

そんな一年がすぎた時点で、まだ死にたいと思っていたら、あなたの決意は本物なのでしょう。しかしその一年間で、一番大事なものを失ったからこそ見えてくる何かに出会えているかもしれません。たとえば新しい楽しみ。新しい仕事。新しい恋人。財産も地位もどうでもいいと思っている、新しい自分――。自殺を考えたことなど、遠い過去になっているかもしれません。

最後のフリータイムで、また新たな生き甲斐と出会い、新しい人生を送り始める人は実際にたくさんいます。次章に書くように、私自身そのひとりなのです。

第5章

愛する人が死に向かうのを止めたいあなたへ

1　深い愛でしか止められない

第5章では、身近な人の自殺をどうすれば止められるのかについて考えます。

あなたが今、愛する誰かが自殺に向かうのをどうにか止めたいと思っているなら、必要なものはふたつ。「愛」と「生きることの真理」です。

真剣勝負の愛。究極の愛。これがなければ自殺を止めることは絶対にできません。

そして、残念なことに、その愛をもってしても止められない自殺もあります。どんなに手を尽くし、本当の愛で向き合っても、悲しい結果を迎えることはあるのです。

阻止《そし》する側にとって大切なのは、悔《く》いが残らないように、やれるだけのことをやることです。やれるだけのことをやるための愛をもち、惜《お》しみなく与えることです。

★「愛」と「生きることの真理」

自殺を考える気持ちにも段階があり、まだ浅いうちは、真剣に止めれば思いとどまってくれることもあります。

自殺を望む人たち（以下、自殺志願者とします）に共通しているのは、程度の差はあれ「愛の電池」が枯渇《こかつ》し、うつ状態になっているということです。まだ軽いうちは、まわりの人からの愛を受けとめ、生きる力をよみがえらせることができます。もちろんすぐにとはいきませんが、「愛の電池」には、枯渇していればいるほど、注がれたときの浸透《しんとう》も早いという性質があるため、めざましく元気をとり戻していく人もいます。

ところが「愛の電池」がいよいよ底をつき出すと、なかなかそうはいきません。本人は愛の受けとめ方すらわからなくなっているからです。

それでも、自殺を阻止できるものは「愛」のほかにありません。表面的ではない、深い愛による見守りだけが、死に向かう人を引き留めるのです。

そしてもうひとつは「生きることの真理」です。人はなぜ生まれ、なんのために生きていくのか、そして死とはなにかということを、自殺志願者と、そばにいる人たちが「ともに」学んでいくことが、究極の抑止力《よくしりょく》になるのです。

ここでいう「愛」は、もちろん本物の愛です。ときには「こんなに一生懸命《いっしょうけんめい》に止めているのに」といらだつこともあるでしょう。でも、本人のことをつねに第一に考えなければなりません。なにが本人のためかを自然に考えられるあなたになることが大切です。

ただ甘やかすのも本当の愛ではありません。物質的な環境を満たしてあげるだけでは、本人の寂《さび》しさは癒《いや》されません。大切なのは「物質の過保護」ではなく、「精神の過保護」です。「愛の電池」がまったく枯渇してしまっている人には、大人であっても、当面は「精神の過保護」が必要なのです。

そして、自殺志願者同士の気持ちの分かち合いも、つねに本当の愛であるとは言い切れません。仲間がいる、わかってくれる人がいるという事実は、たしかに大きな癒しになるでしょう。そこでともに励《はげ》まし合い、生きていく力を与え合うことができれば、すばらしいことです。しかし自殺を肯定し合う関係にしかならないのなら、それは刹那《せつな》の癒しでしかなく、どちらの「愛の電池」もたまっていきません。

そこに「真善美《しんぜんび》」がないからです。本当の愛には「真善美」と「生」に向かわせる力があるのです。

★本当の愛とは受け容れること

自殺を望む気持ちがまだ浅い人が、愛を注がれることで前向きさをとり戻していくのは、彼らのなかにまだ生きる希望が残っているからです。しかしそれとて一筋《ひとすじ》縄《なわ》にはいきません。本当の愛で立ち向かっていかない限り、彼らには通用せず、生《なま》半可《はんか》な言葉はすぐに拒絶されてしまいます。

「愛の電池」が枯渇すると、大人でも「だだっ子」になるのです。なにを言っても否定する、ああ言えばこう言うで、あなたは本当に困り果ててしまうかもしれません。自分のなかにひきこもり、会話すらままならないこともあるでしょう。そんなとき本人は、あなたの言葉を否定したり、ばかにしてみたり、徹底的に無視したりしつつ、自分に向けられている愛が本物かどうかを無意識に試していたりします。

「私ってこんなにいやな人間なんだよ。それでも受けとめてくれるの？」

「どうしてこんな私をきらいにならないの？　あなたの愛は本当なの？」

ときには駆け引きもしながら、彼らの心は期待と不安に揺れているのです。

そんな状態があまりに長く続くと、あなたも人間ですから嫌気《いやけ》がさしてくるでしょう。でも、時間がかかる覚悟はしなければなりません。「愛の電池」が枯渇している人は、愛そのものが信じられないでいるのです。「この愛は本当だ」とわかってからは浸透も早いのですが、信じられると判断するまでに時間がかかるのです。

ですから、どんなに突っぱねられても途中で手を引いてはいけません。本人は、自殺を止めてくれるやさしい励ましの言葉をもっともっと聞き出したくて、だだをこねている可能性もあります。「死にたい」という言葉は、「寂しいよ。助けて！」という悲鳴かもしれないのです。本当の愛で、それを受け容《うい》れなければなりません。

そこまでの根気と愛をもてず、途中で働きかけを止めてしまっては、本人は孤独と絶望をよりいっそう募《つの》らせ、人間不信に陥《おちい》ってしまうかもしれません。あなたひとりでその人を見守り続けるのは大変ですから、誰かほかの人と連係して、その人を決して「見捨てられた」と思わせる状況におかないようにしましょう。

どんなに真剣に向き合っているつもりでも、あなたの愛が本人になかなか浸透していかないときは、厳しいようですが、その愛が本物ではないせいかもしれません。もしくはあなたもその人と似たもの同士なのかもしれません。あなたの心にも人生を否定する気持ちが潜《ひそ》んでいたりすると、その行動や言動は、自殺志願者を「生」へ向かわせる刺激になりにくいのです。

本当の愛とは、ただ相手を受け容れること。そして理解することです。

まず相手の今の心境を理解するところから始めましょう。それは相手の表面的な態度や言葉からはわからないことも多いものです。「死にたい」という言葉が「しばらくひとりにして」という意味のこともあります。「寂しいよ。助けて！」という訴えの場合もあります。言葉以外の「たましいの声」を聞く思いやりと洞察力がなければ、相手の心は読みとれません。

「聖フランチェスコの祈り」に、「慰《なぐさ》められるよりは慰めることを／理解されるよりは理解することを／愛されるよりは愛することを／私が求めますように」という一節があります。これはまさしく、受け容れる愛、理解する愛の本質を語っています。

★説得するより相手に「添う」

本物の愛、つまり受け容れる愛、理解する愛は、どのように示したらいいでしょう。

私の考えでは、それは「添う」「並べる」「待つ」という三つのキーワードに集約されます。

こういう状況で人間がおかしがちなあやまちは、相手を説得してしまうことです。説得は絶対にしてはいけません。自殺志願者は、説得も説教も聞きたくないし、おそらく耳にも入りません。うっとうしがられるだけだと思って間違いないでしょう。「でも、本人のためにも早くなんとかしてあげたいんです」「私の話を聞けば、きっと気持ちが晴れると思うんです。何も言わないほうが不親切だと思うんです」。そんな声も聞こえてきそうです。

しかし、説得したいのは、実は自分自身のためです。相手のためのつもりでも、どこか自分本位なのです。この事態をなんとか早くおさめてほっとしたい。自分のいい話を聞いてもらい、生き方を変えてほしい。厳しいようですが、そんな気持ちがまじっているのです。

相手を愛しているなら、どこまでも相手本位に考えるべきです。つまり、相手の気持ちに寄り添うことを第一に考えなければなりません。

三つのキーワード、「添う」「並べる」「待つ」をひとつずつ説明しましょう。

「添う」。要するに心をともにし、見守ることです。能動的に働きかけるのではなく、ただつき添っていることが、何よりのサポートになるのです。

できるだけそばにいてあげる時間をつくりましょう。心が弱っているときは、体が弱っているときと同じで、誰かがそばにいてくれるだけでずいぶん癒されます。風邪をひいたとき、ひとりで寝込んでいるのと、誰かがそばにいてくれるのとでは、治り方が違うものです。そばにいてくれる誰かが熱を下げたり咳《せき》を鎮《しず》めたりしてくれるわけではありませんが、それでもやはり、「添う」こと自体に癒しの力があるのです。

自殺志願者の場合も同じです。話などしなくていいのです。あなたはあなたで新聞か雑誌でも読んでいればいい。心配そうに相手をじっと見ていては、かえって圧迫感を与えてしまいます。なんの意味もなさそうにそばにいて、ときどき思い出したようにちらっと見たり、声をかけたりする。それはとても深い愛だと思うのです。

また、「あなたのためにここにいるの」という気持ちが見え見えだと、負担《ふたん》をかけてしまいます。「よけいなお世話」と反発もされるでしょう。「なぜいるの？」と聞かれたら、「ここにいたいから」と自然に答えられるような気持ちでいることが大切です。

★押しつけるのではなく「並べる」

そばにいると、どちらからともなく会話が始まるときがあるでしょう。そういうときに、あなたの意見をたて続けに言ってはいけません。言いたいことは山ほどあるでしょう。それでも聞き上手に徹《てっ》し、あくまでも相手の話をよく聞くことです。相手の言葉を否定してもいけません。逆に安易に肯定しても、「わかりもしないくせに」と侮《あなど》られてしまいます。ただ注意深く聞いて、相手の言葉をあなたの心に浸透させていくことです。

もちろんあなたからも思うことを話していいのですが、そこに押しつけがあってはいけません。ただそっと、相手の横にさりげなく「並べる」気持ちで差し出しましょう。考えだけを言うよりも、「私にも実はこういうことがあってね」と、あなたの実体験をまじえたほうが、相手は聞き入れやすいかもしれません。「苦しんだことなんかないくせに」という気持ちがあるうちは、どうしても心を開けないものだからです。

禁句としたいのは「がんばるんだよ」「しっかりしてよ」といった言葉です。この言葉は自殺志願者にとってはとても無責任で冷たい言葉です。彼らはがんばれないのです。うつ状態に陥っていて、しっかりなどできないのです。風邪をひいた人に「しっかりしなさい」と言うのが無茶《むちゃ》なのと同じです。「休んでいていいんだよ」「ずっといっしょにいるよ」といった言葉のほうが、うんと癒しになるのです。

あなたの愛と理解を示す言葉を、そっと相手の横に並べましょう。そして「生きることの真理」も、言葉のなかに少しずつ織り込んでいきましょう。

あなたの言葉を今すぐ聞き入れてくれなくても焦《あせ》ってはいけません。ただひたすら、並べておくことです。「食べたいときにどうぞ。お口に合えばですけれど」と、おまんじゅうをそっとおいておくような感じがちょうどいいのです。

相手は警戒するでしょう。「このおまんじゅうを食べたら前向きに生きたくなるのかな。だったら食べたくない」と反発するかもしれません。「どうせ本当の愛ではないんだ。これも毒入りかもしれない」と疑ってかかるかもしれません。それでも並べておいてください。捨てられたり、カチカチに乾燥《かんそう》してきたら、また新しいのを並べておいてください。ちょっとずつでもかじってくれることに期待を捨ててはいけません。

また、くれぐれも「これは美味《おい》しいよ」「栄養があるよ」などと無理やり食べさせてはいけません。本人が本当に食べたいときでないと栄養になりませんし、ともすると吐《は》いてしまうかもしれません。

本人に生きる力が残っていれば、食べたくなるときはきっと来ます。おなかはすいているからです。つまり「愛の電池」は枯渇していて、充電を求めているからです。

★相手の心が自然に開くのを「待つ」

三つめは「待つ」です。「添う」「並べる」ということをしながら、相手の心が自然に開くときを待ちましょう。

「待つ」ということでは、寓話《ぐうわ》の「北風と太陽」がとても参考になります。心を閉ざした相手に対しては、北風となって無理やりこじ開けようとするより、太陽となって光を注ぎ続け、相手の心がほぐれるのを待つしかないのです。

日本神話のなかの天照大神《あまてらすおおみかみ》も、天《あま》の岩戸《いわと》に閉じこもったとき、最終的に扉《とびら》を開けたのは自分からでした。扉の向こうで、天鈿女命《あまのうずめのみこと》の踊りを見た神々たちの笑い声が聞こえ、外をのぞきたくなったからです。そしてほんの少し扉を開けたとき、そばに隠《かく》れていた手力男命《たぢからおのみこと》が、扉を押し開けて天照大神を岩屋から出したのです。

心を閉ざしている自殺志願者も、自分から「あのさ……」と語り出すときが来るかもしれません。「私って、やっぱり弱いのかな」「このあいだ話してくれたことさ、あのあとよく考えたんだけどね」などと、不意に言い出すかもしれません。それは、その人の「生きる力」が微弱ながらも輝き始める瞬間です。あなたは手力男命よろしく、その瞬間を逃してはいけません。

辛抱《しんぼう》強く、添い、並べ、待っていたあなたにとって、それは本当にうれしい瞬間でしょう。ただし、焦りは禁物《きんもつ》です。「待ってました！」という気持ちが態度に出ないよう、くれぐれも注意しなければいけません。

せっかく相手が始めてくれた会話の主導権を、自分の側に奪ってもいけません。「やっとわかってくれた？」「そうなの、それでね」などと言って、相手の言葉が内側から流れ出すのを止めてはいけないのです。否定もせず、大げさに肯定することもせず、「うん、うん」と相槌《あいづち》をうちながら、最後まで聞いてあげることが大切です。

相手の心の扉がすっかり全開したわけではないことも、心しておくべきです。ほんの少し開いたその扉に、どどっとあなたの言葉を詰めこんではいけません。それはあふれ返ってしまい、へたすると開いた扉もまた閉じてしまいます。

とにかく時間をかけること。焦らないこと。これを忘れてはいけません。

もちろん、「添う」「並べる」「待つ」ことは、実際にはとても大変です。本当の愛がなければできることではありません。本当の愛があっても、ときには音《ね》を上げたくなります。相手が甘ったれているようで腹が立ってくることもあります。

無理もないでしょう。けれども、どんな人でも「だだっ子」になって甘えたいときはあるのです。人により、その程度が違うだけです。自殺志願者は、「愛の電池」が本当に枯渇しているので、甘えたいどころか、赤ん坊に逆戻りしてしまうことがあるのです。それは、現在のその人のたましいの自然な表現なのだと理解してください。

体は大人かもしれません。でも、どうぞ目を閉じて、「今、赤ちゃんに戻っているんだな」と想像してみることです。そうすれば「わがままはいい加減にしてよ」「もう好きにして！」とは言いにくくなるでしょう。

あなたが相手を本当に愛し、その愛が相手にも伝わってきたころに、サビを利《き》かせるという意味で、「あなたはわがままだよ」などと言うのは、必ずしも悪いことではありません。それによって奮起《ふんき》してくれることもあるからです。そのあたりは、相手の性格や、双方の信頼関係の深さにしたがい加減をみるといいでしょう。あくまでも相手のためを思って叱《しか》るのであれば、ときと場合によってはかまわないのです。

問題は、やけになって相手に当たってしまうこと。これは絶対にしてはいけません。場合によっては一瞬にして信頼関係が失われ、自殺志願者の孤独はいっそう深くなってしまいます。

2　生きることの真理、そして祈りを

★決意が揺るがないこともある

今書いてきた、「添う」「並べる」「待つ」ことによる自殺の阻止は、ほんのわず

かでも「生きよう」という気持ちが残っている人には効果があります。「死にたい」と言いつつも、本当は「いっしょに生きよう」という励ましがほしい人たちには通じるのです。しかし、これが通用しない人たちがいることも、残念なことに事実です。誰がなんと言おうと、絶対に決意が揺るがない人たちがいるのです。

よく、「自殺したい」と口に出して言う人は自殺しないと言われますが、実際、本気で死にたくてそう言う人もいます。その人を本当に愛しているあなたが絶えずつき添っていても、本気の人は、一瞬のすきをついてでも自殺を決行しようとするでしょう。

どんなに自殺を阻止したくて添っていても、その生活が長く続けば、あなたにも心のゆるみは出てくるものです。人間ですから自分自身が疲れてしまい、「もう好きにして」と思ってしまう瞬間はあるものです。それに自分自身の生活もありますから、四六時中、二十四時間、見守っているわけにもいきません。自殺を固く決意している人は、ほんのちょっとのそのすきをついて自殺に及んでしまうことがあります。

そうなると、遺《のこ》されたほうのショックはかなりのものです。「あのとき私がつい、あんなことを言ってしまったから……」「ちょっと離れたすきに自殺してしまうなんて……」と、後悔《こうかい》と自責《じせき》の念に苦しみます。本当に気の毒なことです。

なんの前ぶれも見せずに自殺してしまう人もいます。「今朝までいつもどおりだったのに」「もうすっかり元気になったと安心していたのに」と、周囲は当惑するばかりです。本人にしてみれば、決意が固いだけに、敢《あ》えて異変を見せずに逝《い》くこともあるでしょう。しかし遺されたほうの心の傷は深刻です。気づけなかった自分を責めに責めてしまうでしょう。

自殺の決意が固い人にはどうしたらいいのかは、本当に難《むずか》しい問題です。「死ぬとみんなが悲しむよ」「家族のためにも生きなくちゃね」といった言葉はほとんど通用しないと考えたほうがいいでしょう。死を決めている人は、もうみんなのためを思う状態にはないのです。「私は私。みんなのためには生きられない。私なんかいなくなったほうがいいから、もう忘れてほしい」という心境です。「生きようよ」「自殺なんてやめよう」という言葉も通用しにくいでしょう。右に向かおうとしている人に「左へ行こう」と言うようなもので、気持ちをなえさせるだけです。相手の心に届く可能性があるのは、「右へ行くのはやめて」ではなく、「右にはいつでも行けるよ」という言葉です。死にたい気持ち自体を否定してはいけないのです。

「死のうと思えばいつでも死ねるよ。それに人間はどのみち必ず死ぬんだよ。永遠にあの世へ行けないわけじゃない。それでも今でないとだめ？　急ぐ必要あるの？」という言い方のほうが、その人の心には響きやすいのです。

★究極はスピリチュアリズム

自殺をくいとめる最後の手だては、やはりスピリチュアリズムの立場で語る「死後の真理」に尽きると思います。第２章に書いた、自殺したら死後どうなるかという話です。

死ねば自分自身も無になれると思うから死にたいのかもしれないが、実際は、肉体こそ失ってもたましいとしては依然として生き続けるということ。

死ねば苦しみがなくなると信じているのかもしれないが、実際は、苦しみがなくならないどころか、後悔という新たな苦しみが加わるということ。

究極は、この話以外にないと思います。

もっとも、霊的真理のその部分だけを中途半端《ちゅうとはんぱ》に聞いたところで、相手は受け容れないと思います。理想を言えば、できればスピリチュアリズムの基本的な考え方を、ひととおり学んでもらうといいでしょう。押しつけは禁物なのはもちろんですが、スピリチュアリズムが教えてくれる「生きることの真理」と「死することの真理」こそ、愛と並ぶ、自殺への一番の抑止力になるのです。

「別に知りたくないよ」と言われるかもしれません。そんなときは、淡々《たんたん》とこんなふうに言うといいのです。「でも、死にたいのなら、死んだあとのことも知っておいたほうがいいよ。死後の世界の勉強をして心の準備をしておいたら？」と。

すると「死後の世界なんてあるわけないよ」と返してくるかもしれません。そのときは「でも万が一でもあったらどうする？　何も知らずに行けば路頭《ろとう》に迷っちゃうよ。死後の世界はあるって言う人も現にたくさんいるじゃない」と言えばいいでしょう。

私の名前も大いに利用してください。「テレビにも出ているあの江原さんが、この本に、自殺なんてまったく無意味だって書いているよ」と。

余談になりますが、私が多くのメディアに出ているのは、実はそういうときのためでもあるのです。「いんちきくさい」「霊能力者がテレビに出るなんて」などとバッシングを受けるのは決して愉快なことではありません。それでも出るのは、霊的世界のことが当たり前に語られる世の中に、少しずつでも変えていきたいからです。スピリチュアルな視点になじんでくれる人が増えれば、死のあり方も、そして生のあり方も変わってくるのではないかと信じるからです。

スピリチュアリズムを学ぶには書籍がいいでしょう。翻訳書に多くの名著があります。『シルバー・バーチの霊訓』シリーズ（潮文社）、カミンズの『永遠の大道』（潮文社）、ワードの『死後の世界』（潮文社）、モーゼスの『霊訓』（潮文社／コスモ・テン・パブリケーション）は特におすすめです。

拙著《せっちょ》では『人はなぜ生まれいかに生きるのか』（ハート出版）、『スピリチュアルメ

ッセージ　生きることの真理』（飛鳥新社）、『スピリチュアルメッセージII　死することの真理』（飛鳥新社）、『スピリチュアルな人生に目覚めるために』（新潮文庫）、『スピリチュアル・エッセンス』（光文社）のなかで、スピリチュアリズムの基本的な考え方を著《あらわ》し、生と死というテーマにも直接ふれています。

★祈りによって闇を光に変える

それでも決意がびくともしない場合もあるでしょう。そんなときにあなたにできることは、「祈る」ことです。愛情を尽くしても変わってくれないからと、決してその人を憎んだり怒ったりしてはいけません。とにかく真剣に、その人を思って祈ってください。

もう誰の言葉も聞き入れないような状態のときは、実はたいてい憑依《ひょうい》を受けています。自殺したものの死に切れていないと思い込んでさまよっている霊の波長が、その人の「死にたい」という気持ちと同調して憑依し、その人を死へいざなっているのです。

憑依と聞くとこわくなるかもしれません。その人が死にたがっていることがすべて憑依霊のせいに思え、霊が憎くなるかもしれません。でもそれは違います。霊は、その人と気持ちがぴったり合うから、「呼ばれて」きたのです。その人を苦しめようとか、巻き添えにしようなどと思ってきたわけではありません。病んだエネルギーをもつ同士、両者にはシンパシーがあるのです。どちらが悪いということはありません。

となれば、あなたが立ち向かうべきは、彼ら（自殺志願者と憑依霊）双方をとりまいている「死にたい」という負《ふ》の意識です。負の想念、負のエネルギーと言い換えてもいいでしょう。あなたの大切な人を死へいざなう負のエネルギーが、愛と光のエネルギーに転じるよう真剣に祈ってください。

言葉で祈るだけでなく、イメージも使うことをおすすめします。まず、イメージの力は言葉より強力です。その人を死へいざなっている負のエネルギーを、黒い闇《やみ》としてイメージしてください。そして祈りながら、イメージのなかで闇を光に変えていってください。

とにかくつねに祈ることです。その人と離れているときもです。どこで祈っても必ず通じます。現代人は祈ることを忘れがちですが、祈りの力は絶大です。「念力」という言葉があるように、人間の思いにはそれ自体に力があり、それは決しておろそかにはできないものなのです。その人のたましいが光をとり戻すことを願って真剣に祈れば、頑固な負のエネルギーにも必ず変化が表れます。

憑依というと、霊能力者に頼って浄霊《じょうれい》してもらうことをすぐに考えるかもしれません。けれど、身近な人がその人を守ろうと思う「愛念《あいねん》」にかなうものはないのです。霊能力者にすがり、なにもかもおまかせして安心してしまうと、その分、身近な人の「愛念」が弱まってしまう場合もあります。いかなるスーパー霊能力者でも、身近な人たちの「愛念」にはかないません。霊能力者の私が言うのですから間違いありません。あなた自身の祈りのパワーを信頼して、その人のために真剣に祈ってください。

★ネラ式メディテーションのすすめ

自殺志願者のそばに添っているあなたは、ある意味でその人のカウンセラーです。とはいえ、本人の今の心境が読み切れず、悩むこともあるでしょう。

そんなときに行うといいのが「ネラ式メディテーション」です。イギリスの女性霊媒《れいばい》、故ネラ・ジョーンズが考案した一種の内観《ないかん》の方法です。順番に示される四つのイメージを思い浮かべ、一問ずつ質問に答えていくというものです。

あなたが誘導役となって、次の順に答えてもらってみてください。

①あなたは今、芝生のきれいな公園にいます。公園のまんなかには一本の道があり、歩いていくと広場にモニュメントが立っています。どんなモニュメントですか？

②その下に木の箱がおかれています。中身はなんですか？　有形無形を問いません。

③箱をもって先に進むと、美しいバラ園がありました。バラのアーチをくぐると水辺に出ました。それはどんな水辺ですか？　大きさはどのくらいですか？

④水辺の向こう側へ渡りたいと思っています。まわりにあるものを使ってもいいし、奇想天外な方法も可です。どうやって渡りますか？　どのくらいかかりますか？

では、①から④のそれぞれへの答えがなにを表すかを解説していきましょう。

①はその人の理想やコンプレックスを表します。②はその人に必要なもの、足りないもの。③はその人から見た社会です。社会に対し、どれくらい強く前向きでいられるかを示します。④は、その人が自分自身の夢を実現させる意欲と、その難易《なんい》度《ど》です。

①では、たとえばどろどろの溶岩などと答える人は、そうとう煮詰《につ》まった心理状態にあります。逆に騎馬像《きばぞう》などと答えた人は、生きる意欲があるのです。

②に対する答えとして、以前、太い神経と答えた女性がいました。自分の弱さを自覚し、傷つきたくない、図太くなりたいと願っていることが答えに正直に出たのです。

③と④からは、自殺志願者がどれくらい社会や人生に対して萎縮《いしゅく》してしまっているかが、はっきりと見てとれます。

まず③の答えが、途方《とほう》もなく大きな海などだと、自分は社会にはとても太刀打ちできない、ちっぽけで無力な存在だと思っていることになります。逆に、小さな池、幅の狭い川といった答えなら、なんとか世の中を渡っていけそうだと考えているのです。

④では、泳ぐ、水の上を歩くなどの、自力で渡るという答えならまず安心です。生きようとする力はあると判断できるからです。ところがモーターボートを使う、誰かに漕《こ》いでもらうといった答えなら、自分にはなにもできないという無力感や、依存心をもっているのがくみとれます。

自殺志願者のなかには、全然イメージできないという人がいます。これは自殺をかなり本気で考えているサインかもしれません。

また、①に神様、②に光など、崇高《すうこう》なものばかり答えるのも要注意のサイン。この世から目を逸《そ》らそうとしている心理の表れだからです。

ここではごく簡単な説明となってしまいました。「ネラ式メディテーション」を詳《くわ》しく知りたい方は拙著『スピリチュアル　セルフ・カウンセリング』（三笠書房王様文庫）をご参照ください。

3　サポート体制の重要性

★連係プレーで見守る

自殺を阻止するために大事なのは「添う」ことだと書いてきました。しかし、なかなかそうはできないのが現実ではないかと思います。今の世の中では、一人ひとりがあまりに忙しすぎるのです。他人のために時間を割《さ》くゆとりがありません。

これもまた、人々が心のふれ合いよりも、物質を重んじて生きている現代の闇ではないでしょうか。みんながハツカネズミのように、ガラガラまわる輪のなかで走り続け、それについていけなくなった人間はおいてけぼりをくってしまうのです。走り続ける人には、おいてけぼり組の悩みを聞いてあげる余裕もありません。両者の距離は広がる一方となり、孤独のなかで死んでいく自殺者はとても多いのです。

自分の忙しさに夢中で、彼らの心の叫びをじゅうぶんに聞いてあげられなかったことを後悔する人の、なんと多いことでしょう。

では誰かが絶えず自殺志願者を見守っていれば万全かというと、そうもいきません。ひとりではまったく不足なのです。

自殺志願者に四六時中つき添う役目をひとりで背負《しょ》い込めば、早晩《そうばん》その人自身がまいってしまいます。しかも自殺志願者は、見守りが緩《ゆる》んだすきに決行に及んでしまうことも多いので、その人が受けるダメージは大変なものです。

今、自殺をめぐってあまりに多くの悲劇が起きています。これ以上苦しむ人を増やさないためにも、連係プレーで自殺志願者を見守ることはとても大切です。

走り続けなければすぐにおいてけぼりにされるかのような今という時代では、人にたのみごとをすることがなかなかできません。「迷惑がかかる」と遠慮《えんりょ》してしまうのです。また、自殺を考えている人の存在を、その家族がひた隠しにしてしまう場合もあります。

それでは決して自殺者を減らすことはできません。

家族、恋人、友だち、精神科医、カウンセラー、みんながスクラムを組んで、ベストな管理体制を作り、順番にその人を見守る。そうしたなかで自殺志願者を生に向かわせることは、それがたったひとつの命でも、とても大きな価値のあることなのです。

★カウンセラーが山ほど必要

私が長年カウンセリングをしてきたなかには、自殺志願者を抱える家族からの相談もたくさんありました。そこで痛感したのは、もっとも身近な家族が、必ずしも本人の一番の理解者になるとは限らないということです。

たとえばある家では、娘さんが自殺未遂《みすい》をくり返していました。相談にいらしたのはご両親でしたが、霊視《れいし》をすると、原因はまさにそのご両親にあったのです。精神的にいつも不安定な、アルコール依存症の母親。未成熟で、わが娘の問題を他人《ひと》事《ごと》のように話す父親。ふたりには、自分たちに原因があるのではないかという発想などみじんもありませんでした。娘さんの「愛の電池」が枯渇するのも無理はありません。この家の場合は、親が自殺の抑止力になるどころか、ますます娘さんを自殺に向かわせていたのです。

心を病む人がこれだけ増えている昨今、私は強く感じています。「これからの時代、カウンセラーが山ほど必要だ」と。

前著『子どもが危ない！』に、各家庭は今のようにお互いに孤立するのをやめ、これからは「雑居家族」さながらに支え合っていかなくてはならない、そうでないと子どもにまつわるさまざまな問題は解決できない、と書きました。

自殺防止策の決め手も「家族」化にあります。子どものころから多くの人たちの生き方にふれ、あたたかい愛を注がれて育った人は、簡単に自殺を考えたりなどしません。今こそ血縁にこだわらず、他人同士が「家族」化すべきときです。そうすることで、人間が人間らしさをとり戻さなくてはならないのです。

その「家族」の一員として、カウンセラーの方たちにどんどん活躍してほしいと私は思っています。カウンセラーはひとつの職業です。しかし今の例の家族のように、家族として機能していないような家庭には、カウンセラーが家族同然に入り込んでいくことが必要だと思うのです。問題をともに考え、よい方向を探っていく。煮詰まってしまった家族がそれにより非常に大きな突破口《とつぱこう》をつかめるケースもきっと多いでしょう。

幸い日本人のカウンセリングに対する抵抗感は薄れてきています。カウンセラーという職業も最近は人気のようです。現役の方たちも、こんな時代ですから相当多くの症例を抱え、奮闘《ふんとう》していらっしゃることでしょう。私自身はじかにカウンセリングする道を離れ、マスメディアに活動の場を移していますが、臨床《りんしょう》に尽力《じんりょく》していらっしゃるカウンセラーの方々を心から敬服し、陰《かげ》ながらエールを送らせていただいています。

ただ残念なのは、カウンセラーの数が圧倒的に足りないということです。足りないために、なかなか一人ひとりの患者に「添う」ことができなくなっていると思うのです。

★ともに学ぶつもりで

あなたが自殺志願者をずっと見守り、添う暮らしを続けていると、「なんで私がこんな目に」と思うときが一度や二度、きっとあるでしょう。懸命に尽くしているのに疎《うと》まれて、「なぜわかってくれないのか」と泣きたくなることもあるでしょう。自殺志願者は、こちらの心のすきを鋭く突いてきますから、絶えず緊張にさらされ、疲れてしまうでしょう。自分の時間もなくなり、「愛の電池」も枯渇してくると思います。

でも、人生に起きることはすべて偶然ではなく必然です。その人とあなたが出会い、あなたがその人のつらい状況を見守ることになったのは、意味があってのこと。あなた自身にも深い学びがあるからなのです。

人生で出会う人は、誰ひとり例外なく自分自身の映し出しです。その人と同じものが、自分のなかにもあるのです。そうでないと出会うことさえありません。

ですから、自殺志願者のことを、あなたの鏡として見てください。相手のなかに、必ずあなたと相通じる一面があります。それは、弱い性格かもしれません。社会に怯《おび》える心かもしれません。底知れぬ虚無感《きょむかん》かもしれません。どこか共通する心理があるはずです。だから、わかり合えないはずはないのです。

ですから、間違っても「してあげている」と思わないことです。そういう心でいては本当の愛は湧《わ》いてきません。途中で息切れしてしまいます。

あなたがその人のためにしていることは、自分のためでもあるのです。その人の学びと感動は、同時にあなたの学びと感動なのです。ふたり、ともに手をとり合って成長しています。「情けは人のためならず」という言葉が表すとおりです。

相手になんの変化も感じられなくても、あなたは確実に、その人の「愛の電池」に愛を注いでいます。はじめのうちは砂漠に水をまくようで、虚《むな》しくなってしまうかもしれません。しかし、愛は必ず届いていますし、あなた自身も「愛の電池」を充電させてもらっています。相手がかすかに微笑《ほほえ》んでくれたり、「ありがとう」と言ってくれたり。そんなとき、あなたの「愛の電池」はぐんと充電されているはずです。

すべてのたましいが「類魂《るいこん》」である限り、愛も、学びも、一方通行ということはありえません。みんな分かち合っているのです。

4　私自身の経験

★十八歳で人生が暗転

今はこのような本を書いている私自身、実はかつて自殺を考えていました。二十歳前後の数年間、私は孤独と重なる試練に喘《あえ》ぎ、「死んでやろう」と本気で考えていました。

試練は十五で母を亡くしたころから始まりました。それまでは、父を四歳のときに亡くしたものの、裕福でなくとも明るい家庭ですくすくと育ってきました。

ところが母が亡くなり、姉も嫁《とつ》ぐと、私はひとりぼっちになってしまいました。高校生にしてひとり暮らしをすることになったのです。

高校生活はとても楽しかったのですが、心にはどうにもならない寂しさを抱えていました。家では食事をするのもひとり、泣くのも笑うのもひとり。なにもかもひとりで切り盛りしているうちに、私はだんだん社会からとり残されていくような疎《そ》外感《がいかん》を覚え始めました。友人たちといる時間がどんなに楽しくても、とうていこの孤独まで癒してくれるものではありませんでした。

孤独というものは、共感してくれる人がいて初めて癒されるのです。私には共感してくれる人がいませんでした。友人たちは私の境遇《きょうぐう》に同情してはくれましたが、まるごと受けとめることはできませんでした。当然といえば当然です。まだみんな高校生だったのですから。わかっていても、私は孤独と不公平感にさいなまれていました。みんながきらきら輝いて見え、自分だけが不幸に思えてしまったのです。

さらに追い打ちをかけたのは心霊現象でした。

生まれつき強い霊的体質をもっていた私ですが、心霊現象が本格化したのは十八歳のときです。今思えば当時の私のネガティブな心境を反映していたのでしょう、恐ろしい低級霊ばかりが現れ、連日のように奇妙な現象を起こして私を苦しめました。当時の私はまだ心霊現象の意味も、霊の世界のこともなにも知らなかったため、恐怖と錯乱《さくらん》におとしいれられるのみでした。

卒業後は大学に進学したものの、心霊現象は激化する一方で、学生生活を続けることままならなくなってしまいました。どこにいても心霊現象は容赦《ようしゃ》なく私を見舞いました。私はしだいに精神のバランスを失い、アパートにひきこもる日が増えていきました。じきに明日の食事代にも事欠くようになりました。

途方に暮れ、私はしだいに抜《ぬ》け殻《がら》のようになっていきました。日の前にあるのは、ただもうわけのわからない心霊現象。現実と心霊現象のはざまで、おかしくなってしまいそうでした。

★神に対する嫌がらせ

自殺を考えたのはそのころからです。こんな人生はもういやだ。自分には生きている価値などないんだ。今ここにぽつんとひとりでいることだって誰も知らない。死んでも誰も発見しないだろう。そんな悲痛な思いに胸が張り裂けそうでした。

「なぜ自分ばかりがこんな目に」という恨《うら》みも募りました。そして誰にも向けようのない、自分の人生を呪《のろ》う気持ちが、しだいに「死んでやろう。それしかない」と私に思わせたのです。

この世ではない世界が存在するのは、当時も、心霊現象などを通じて漠然《ばくぜん》と感じていました。しかしそうした現象の背後に大きな摂理《せつり》が働いていることについてはなんの知識もありませんでした。ですから私はこんなふうに考えたのです。「神や仏が本当にいるのなら、その神とやらへの嫌がらせとして自殺してやろう」と。

しかしそんなふうに自暴自棄《じぼうじき》になっていた私にも、細いながらも救いの光は注がれていたようです。警備のアルバイト先にいた修行僧との出会いはそのひとつです。彼は私の語る心霊現象に理解を示し、ある霊能力者を紹介してくれました。それを機に私は多くの霊能力者を訪ね歩き、最後に、私の恩師となるT先生と出会うことができました。

すぐれた霊能力者であり、霊的真理も学んだT先生は、私がおかれている苦境や、心霊現象の意味を一つひとつ諭《さと》してくれ、生きることの意味も学ばせてくれました。今まで味わってきたすべての苦労に意味があったのだと知らされ、私は少なからぬ安堵《あんど》を覚えました。T先生と出会わなければ私はどうなっていたのだろうと思うほどです。

しかし、生来《せいらい》疑い深い私のこと、それでなにもかも素直に納得《なっとく》できたわけではありません。人生に対する絶望はそのままでしたし、自殺したい気持ちも変わりませんでした。

そのころ私は、滝行に励んでいました。毎日毎日、寒い冬の日も東京郊外の滝に通い、霊的体質を克服するために厳しい修行をしていたのです。

あるときそこでひとりの男性と出会いました。彼は私に霊能力があると知ると、「うちの部屋をひとつ提供するから、そこで霊能力者として開業したらどう？」と親しげにもちかけてきました。寂しかった私はその提案を受け、彼の家で心霊相談を始めました。

ところがすぐに、その男がとんでもない人物だとわかりました。彼は相談料を独り占めして、私には一銭も渡さないのです。私をもとに金儲《かねもう》けしようと企《たくら》んでいたのでした。

それでも私はそこから去れませんでした。貯金も底をついていたし、ほかに頼る人もいなかったからです。座敷牢《ざしきろう》に閉じこめられたような日々が続きました。

私にも守護霊という存在がいることは、T先生に聞いて知っていました。でも当時の私の荒《すさ》んだ心には「だからなんなの？」としか思えませんでした。それどころか「守護霊がいるのに、なぜこんな苦労をしなければならないのか」と、守護霊に悪態までついていたのです。お札《ふだ》やお守りを「役立たず！」と壁に投げつけたこともありました。

やり場のない怒りにふるえ自暴自棄になっていた私のなかで、自殺はしだいに危険な賭《か》けの手段となっていきました。神というものが本当にいて、自分に生きている意味があるなら、たとえ自殺しても死なないで生き残るだろうと考えたのです。自殺しても助かったら、それはきっと自分がまだ見棄《みす》てられていない証拠——。

今思えばこのときの心理は「愛の電池」の枯渇から来る究極の甘えだったとも言えるでしょう。しかし無我夢中だった当時の私には、道に迷った仔羊《こひつじ》のように、そんな悲痛な叫びを上げることしかできませんでした。

★若い恩人たちとの出会い

そんな私を座敷牢生活から救い出してくれたのは、私をだました男の周囲にいた数人の若者たちでした。彼らは私が夜逃げ同然にそこから脱出するのを手伝ってくれ、彼らもまたその男のもとを去りました。

まさに「捨てる神あれば拾う神あり」です。人生のプラスとマイナスはつねに背中合わせなのだと、この出会いをふり返ってつくづく思います。あの男と出会わなければ、私を心から愛してくれた彼らとも出会わなかったのですから。

私が今もこうして生きているのは、霊的真理が支えになったからというより、彼らというこの世の神様に出会い、「愛の電池」を充電してもらったおかげです。まるで兄や姉のように私を本気で心配してくれた彼らの愛がなければ、今の私はいません。

その後しばらく、彼らのアパートを泊まり歩く生活を送りました。というより、半ば強引にアパートを転々と移動させられました。まだ自殺する心配があった私を、彼らは順番に何日かずつ住まわせ、監視していたのです。実際、彼らがいなければ、私はいつ自殺していたかわかりません。包丁《ほうちょう》を手にした私を、みんなが必死で止めるという修羅場《しゅらば》もありました。そんなことがあるたびに私はなだめられ、励まされました。

自分の境遇を恨み、やさしくしてくれる彼らにまで悪態をつき、わがまま勝手にふるまった日々。自分の未熟さをこれでもかというほど彼らに見せつけ、内心は「それでも好きでいてくれる?」と、彼らの愛を試した日々。私はまるで情けない赤ん坊でした。

でも彼らはそれにつき合ってくれました。「なにがあってもいっしょにいるよ」「ぼくたちは家族なんだからね」と何度も何度も言ってくれました。それは、孤独に枯れ果てた私の心に、どんなに大きな安心を与えてくれたかわかりません。

二、三年ほどそんな生活が続いたでしょうか。もちろんそのあいだには穏《おだ》やかな日常もありました。みんなでご飯を食べて、笑って、楽しんで。四歳で父が死に、十五で母を亡くし、どんどん枯渇してしまっていた愛を、私はこの日々に彼らから貪《むさぼ》りました。自殺をしようという私の気持ちは一度に消えたわけではなく、こうして「愛の電池」を充電してもらった穏やかな日々のなかで、徐々に癒されていったのです。

自殺を阻止するのはひとりでは無理だと先ほど書いたように、こんなに大きな赤ん坊の「だだ」を聞き続けるなど、きっとひとりでは無理だったはずです。彼らは数人で連係していたからこそ、私を救えたのだと思います。

★「天の配剤」は必ずある

私がいつもお話ししている、人間はみな「愛の電池」のようなもので、愛という原動力が枯渇するとあらゆる誤作動《ごさどう》を起こすという話は、こうした自分自身の経験からわかったことなのです。

人間が誤作動を起こすのは「愛の電池」の枯渇ゆえにほかならず、人間に健康な心をとり戻させるのも「愛の電池」の充電以外にありません。そして「愛の電池」は、あたたかい人間関係のなかでしか充電できないのです。

それにしても彼らはなぜあれほどまでに私を思ってくれたのでしょう。それは、私にシンパシーを感じていたからだと思います。きっと私と同じ孤独や、やりきれない思いを抱えていたのです。人間はみな、もとはひとつの「類魂」ですから、わかり合えるのです。特に自分と近い心境にいるたましいのことは、わかりすぎて放っておくことができないのです。彼らにとって私はきっとそういう存在だったのでしょう。年上とはいえ当時まだ二十代で、裕福でもなかった彼らにとって、私の生活の面倒までみるのは大変だったはずです。強烈なシンパシーがなければ、そこまで親身《しんみ》にはなれなかったと思うのです。

悲しいことに、その後、彼らのひとりが自殺しました。おそらく彼には、生死の境でもがき苦しむ私の気持ちが切ないほどわかっていたのでしょう。

これを読んで、「江原さんにはいい出会いがあってよかったね。やっぱり特別なんだね」と皮肉まじりに思った方がいるかもしれません。でもそれは違います。誰でも心の扉を閉じさえしなければ、「天の配剤《はいざい》」と呼ぶべき救いの出会いは必ずあるのです。

自殺を望むほど自暴自棄になっているなら、いっそのこと、心の扉もこわがらずにバーンと開け放ってしまえばいい。そこに飛び込んできてくれる人がきっといるはずです。

それは古くからの友だちかもしれませんし、一番身近な家族かもしれません。カウンセラーや、つい最近知り合った人かもしれません。初めて会うお年寄りやずっと年下の人、あるいはおまわりさんといった、予期せぬタイプの人物という場合もあるでしょう。

いずれにしても、あなたのたましいがその出会いに光を感じたら、それこそが「天の配剤」だと受けとめてほしいのです。

ここで私は「誰かとうちとけて語り合えば心が晴れますよ」といった生やさしいことを言っているわけではありません。「自殺するほどなら、見栄《みえ》や体面など捨てて、うんと弱音を吐いてごらんなさい。思いきりだだをこねてごらんなさい」と言いたいのです。赤ん坊に戻ったたっていい。ひとりと言わず、十人の人にだだを聞いてもらっていい。ネガティブな言霊《ことたま》であっても、内側にため込んで中毒を起こすよりは、聞いてもらったほうがずっといい。とにかく、あなたが寂しくてつらくてもがいていることを、言葉や態度で訴えかけてほしいのです。ひとりで悶々《もんもん》と悩んで自殺に至ってしまうより、それははるかに前向きな行動なのです。

きっと誰かが受けとめてくれます。前が見えなくなっているあなたに、確かな光の方向を示してくれます。「天の配剤」による出会いは、あなたをつねに見守り導《みちび》いている守護霊が用意してくれる出会いなのです。

★死んだつもりで生きてみた

その後の私は文字どおり「死んだつもりで」生きてきました。やるだけやってみて、自分が世の中にとって必要がないとわかれば、そのときに死ねばいい。そんなふうに自殺という究極の切り札は残しつつ、自分の人生に本当に意味があるのかどうか、天に「ファイナルアンサー」を投げかけたのです。

人生とは本当に面白いものです。第2章に書いたように、すべてを投げ出し無我《むが》の境地になったとき、自分がもつもっとも純粋で崇高な波動が出るのです。恐れがあったり、欲があったりするうちは、真の力は湧き出てきません。恐れや欲のエネルギーが邪魔《じやま》をしてしまうからです。あらゆるこだわりを捨てて「どうにでもなれ」と開き直ったときにこそ、純粋な波動が出て守護霊とプラグがつながり、底力があふれ出ます。

私の人生は、その後めまぐるしく展開し、今日の活動に行きつきました。詳しくは『スピリチュアルな人生に目覚めるために』などに書いているので割愛《かつあい》しますが、今こうして活動させていただいていることが、あのときに天に投げかけた「ファイナルアンサー」への答えだと受けとめています。

あの時点で人生を終えていたらできなかった経験や感動、人との出会いに、その後うんと恵まれました。「生きていてよかった」。私の素直な実感です。二十歳そこそこで死んでいれば、多くの方々に真理をお伝えする喜びも、歌う喜びも知らないままでした。妻やわが子の顔を見ることもありませんでした。今の私には今の私なりの苦労がありますが、自殺という切り札を今後使うつもりはもちろんありません。

今は人生の真理をみなさんに語っている私にもこのような時代があったことを、意外に思われた方がいるかもしれません。しかしつねづねお話ししているように、私はなんら特別ではない、ごく普通の人間です。霊的真理を知っているからといって、背伸びして見せるつもりはありません。私は江原啓之以上でも、江原啓之以下でもないのです。未熟なところもありますし、生きるのがこわくなったり、世の中がいやでたまらなくなることもあります。

けれど私はひとりの人間として、そんな気持ちをこれからも大切にしていきたいと思っています。そしていつまでも、つらいとき、悲しいときは「えーん、えーん」と泣ける自分でいたい。霊的真理をみなさんに説きながらも、「えーん、えーん」と泣ける無邪気《むじゃき》さをもち続けたい。いえ、もち続けなければいけないと思っています。

第6章

愛する人を自殺で喪ったあなたへ

1　たましいの絆は消えない

最後の章は、大切な人を自殺で亡くした方たちに向けて綴《つづ》りたいと思います。大切な人に死なれることは、ただでさえつらいことです。そのうえ自殺で喪《うしな》ったとなれば、受けるダメージの大きさはあまりに深刻《しんこく》です。

でもどうか忘れないでください。故人は死んでいません。死んだのは肉体だけで、本質であるたましいは永遠に生きています。つまり、あなたと故人を結ぶたましいの絆《きずな》も永遠に消えないのです。

★あなた自身をまず癒してください

大切な人を自殺で喪ってしまったあなたの心には、日々さまざまな感情が渦巻《うずま》いていることでしょう。

死別の悲しみ。もう近くにいないという寂《さび》しさと空虚感《くうきょかん》。自殺を阻止《そし》できなかったことに対する後悔《こうかい》、自責《じせき》の念、罪悪感、無力感。でも、それだけでしょうか。あなたの心のなかに、裏切られたという怒りや、人格を否定されたかのようなショック、人間そのものに対する不信感が生じていても、無理はないと私は思います。

「いっしょに生きていこうと言っていたのに、なぜ死んでしまったの？」

「あなたにとって私という存在はいったいなんだったの？」

やりきれなさに眠れない夜もあるでしょう。

故人に怒りを感じている自分に罪悪感が湧《わ》くこともあるかもしれません。でも私は、怒りもまた当然の心情だと思います。自分を責めることはないのです。

これからは故人のたましいの浄化《じょうか》を願うと同時に、あなた自身も癒《いや》さなければなりません。特に、故人に長いこと自殺の危険性があり、いつ死なれるかとびくびくすごしていた方は、もうかなり疲弊《ひへい》しているはずです。あなたの心のなかにもし怒りがあれば、それを表に出してしまうことも大切です。抑え込んだままでいてはいけません。あなたをよくわかってくれる友だちやカウンセラーに、あなたの感情をすべて聞いてもらってください。それはとても大切なことですし、わかってくれる人は必ずいます。

あなたは亡き人のたましいのゆくえも心配でならないでしょう。でもまずあなた自身が癒されてこそ、真の供養《くよう》もできるのだと心しておいてください。

★心ない言葉に負けないで

身近な人を自殺で喪うと、思わぬ現実に直面するものです。そのひとつに、世間の人々の冷たさがあるのではないかと思います。

故人が自殺に至ることになった真の事情を中途半端《ちゅうとはんぱ》にしか知らない人たちは、どうしても遺《のこ》された人を責めるような目で見てしまいがちです。「家庭がひどかったみたいね」「親が追いつめたらしいよ」「ご主人（奥さん）が浮気でもしていたんじゃない？」「身近にいてなぜ気づけなかったんだろうね」などと、知ったふうな口ぶりで言うのです。自分がその立場になったときのことを想像できれば、そのような無責任なことは言えないはずです。しかし悲しいことに、これが世間によくある現実なのです。

もちろんそんな人たちばかりではありません。あなたとともに泣き、悲しみ、悔《くや》しがってくれる人もいるでしょう。この先どうするべきかの知恵を授《さず》けてくれたり、ともに考え、励《はげ》ましてくれる人もいるでしょう。そういう局面だからこそ、人間の本質というものが見えてきます。信頼できる人、できない人が見えてきます。あなたはそこでたくさんのことを学べるでしょう。

面と向かってあなたにとやかく言う人がいたら、こう言い返してみるのも一案です。「あなたには失敗した経験はないんですか?」と。

失敗のない人間はひとりもいないのです。そして自殺も、長い長いたましいの旅路のなかの、ひとつの失敗にすぎません。挽回《ばんかい》できない失敗がないように、自殺という失敗にも、再チャレンジの機会をもれなく与えられ、必ず挽回できます。自殺にも敗者復活戦があるのです。それは霊的真理においては絶対の法則です。ですから、故人の自殺を恥《はじ》に思うことはありません。うしろめたく思う必要もありません。

また世間には、遺族たちはいつまでもひっそりと神妙《しんみよう》に暮らしているものだというような、おかしな了解があります。遺族が笑ったり、きれいな格好《かつこう》で出かけたり、再婚したりすることが、故人に対して冷たいことであるかのような見方をされるのです。

もちろんそれも、いっさい気にしなくてかまいません。故人にとっては、遺された人たちが一日も早く立ち直り、明るく輝いて生き始めてくれることのほうが、ずっとうれしいのですから。そしてまた、あなた自身のたましいのためにも、いつまでも沈んでいてはいけないのです。

★故人は今も生きている

くり返し書いてきたように、自殺でこの世を去ったあなたの大切な人は、今も、たましいとして生きています。そして多くの場合、自分がしたことをよく理解し、後悔もしています。あなたの様子も見えていて、あなたが泣けば心配します。あなたが思っていること、故人に語りかけていること、みんな受けとめています。

故人とあなたは、あなたの死後に必ず霊的世界で再会できます。そして実は今もしばしば、あなたが夜見る夢のなかで再会しています。正確に言うと、あなたの睡眠中に、たましい同士が幽界《ゆうかい》で面会をしているのです。

睡眠中に人間のたましいは幽体離脱《ゆうたいりだつ》します。つまり肉体から抜け出て、幽界に里帰りするのです。そのあいだに、縁《えん》のあるたましいたちと面会をしたりもしています。この面会を、私は「スピリチュアルミーティング」と呼んでいます。

スピリチュアルミーティングは、生きている人とも、死んだ人とも可能です。たましいの世界のことですから、今この世に肉体をもっているかどうかは関係ないのです。

死別したたましいとのスピリチュアルミーティングは、この世に遺された人にとって大きな癒しになります。人間というものは、身近な人を亡くすと、しばらくは立ち直れないくらい深い悲嘆に暮れますが、時間がたつとともに前向きさをとり戻していくものです。月日の流れが癒してくれるのですが、それだけではありません。このスピリチュアルミーティングが大きな力となっているのです。

スピリチュアルミーティングでは、たましい同士、本音で語り合えます。そのため、お互いわだかまりを残して別れた場合も、それが徐々に消え、和解が生まれてきます。

それ以上に遺された人にとって大事なのは、「故人のたましいは今も変わらずに生きているんだ」と確信できることです。何度もスピリチュアルミーティングを重ねることで、「いつでも会える」という安心感も生まれます。死別の悲しみはこうして癒されていくのです。〔より詳《くわ》しく知りたい方は『スピリチュアル夢百科』（主婦と生活社）をご参照ください〕

とはいえ、あなたが悲しみに暮れているあいだは、スピリチュアルミーティングは記憶に残りません。あなたがかえってパニックを起こしてはいけないという、霊的世界側のはからいからです。記憶をリアルに残せるようになるのは、悲しみがすっかり癒《い》え、落ちつきをとり戻したときです。「お願いだから夢に出てきて。なぜ出てきてくれないの?」と故人にすがってしまううちはまだ無理でしょう。あなたが現実の生活のなかで立ち直ることが先決なのです。

★故人の言葉を聞く「感性」を

自殺で亡くなった故人からの言葉を聞きたいという方はたくさんいます。「父は今どこにいるのでしょう？」「あの子はさまよってはいませんか？」「何か言い残したことがあるのでは？」「私のこと、怒っていないでしょうか？」

気持ちはよくわかります。故人はあなたの目の前から突然いなくなってしまったのですから、現在の思いを知りたくてならないのは当然でしょう。

では、私のような霊能力者を通じてでないと故人の言葉を聞けないかというと、そんなことはありません。あなたの心の耳、つまり「感性」で聞けるはずなのです。故人と生前きちんと本音で向き合えていたなら、今どんな思いでいるか、何を考えているかは、おおかた推測できると思うのです。

あなたは日ごろも、生きている家族や友だちに対して、そうした想像をごく自然に働かせているのではないでしょうか。その要領で、たとえば彼らが遠い見知らぬ国へひとり旅に出たと想像してみてください。その人が今ごろどうしているかは、各々の個性により、さまざまに想像されると思います。

じっとしていられず、うろちょろしている人。右も左もわからず、怖《お》じ気《け》づいて縮こまっている人。すぐに誰かに助けを求めようとする人。好奇心いっぱいに飛びまわる人。ひとりでも落ちついてしっかり行動できる人。勢いで飛び出して行ったものの、忘れ物に気づいて焦《あせ》っている人。

この「遠い見知らぬ国」を「自殺して逝《い》ったあの世」と置き換えればいいのです。自殺した人に共通する反応として、後悔や反省があります。しかしそれ以外は一人ずつ微妙に違うもの。その人特有の反応は、身近にいたあなたならだいたい想像がつくと思います。故人は肉体は失ったものの、たましいの個性はまったく変わらないまま生きているのですから、あなたのその想像はほぼ外れていないと言っていいでしょう。

その「感性」さえあれば、故人にとってどんな供養がうれしいかもわかります。そして今後ずっと、故人と心の中で対話し続けることも可能なのです。

★遺書をどう受けとめるか

自殺した人の遺書は、故人の自殺直前の心境を知るよすがとなります。「ありがとう」「すまない」といった愛のこもったひと言ひと言が、遺族にはつらく悲しいものでしょう。その遺書も、時間とともにいい思い出の品に変えられそうなら、大切にとっておいてください。仏壇《ぶつだん》にしまっておいてもかまいません。

ただ、内容によっては、遺書が悩みのたねとなることもあるようです。遺族には、そこに書かれていることを絶対視して、故人の遺志《いし》をできるだけ叶《かな》えようとする心理が働くため、悩みはいっそう深くなるようです。

遺志を尊重するのはもちろんいいことです。その内容が常識に適《かな》っており、遺族としても納得《なっとく》できることなら、できる範囲で叶えてあげてください。

「でも「あの会社への恨《うら》みを忘れないでほしい」「私の代わりにあの人に仕返ししてくれ」といったネガティブな内容なら話は別です。そのとおりにしなくてもかまいません。

また、あなたや遺族に対する恨み言が綴られていても、気に病まなくてかまいません。「○○（子どもの名前）は将来△△になってほしい」といった文面にも縛られすぎないでください。もちろん書いた時点での故人の心情を理解しようと努めるのはいいことです。でもあまりに負担《ふたん》になるようなら、引きずらなくていいのです。なぜなら、故人のたましいは今も生きているからです。当然思いも刻々《こっこく》と変化しています。遺書を書いたときの気持ちのままずっと凍結《とうけつ》しているわけではありません。

あなたが去年書いた自分の日記を読んで赤面《せきめん》するのと同じで、故人も今ごろ「あんなことを書いて恥ずかしい」と思っている可能性は大いにあります。まして手紙です。あなたが去年、誰かに綴った手紙を、今、相手に読まれると想像してください。「今はそう思っていないよ」と、訂正したくなる箇所《かしょ》がいっぱいあるのではないでしょうか。あなたが去年書いたものですらそうなのです。しかも故人は死の一線を越えたのです。人は死によって肉体を失うと、価値観も、こだわるポイントも、生前とかなり変わります。

遺書に書かれているのが、霊的真理や「愛」、「真善美《しんぜんび》」からかけ離れた内容であればあるほど、故人はあの世へ帰ってから「ばかなことを書いてしまった」と反省しているに違いありません。「どうにか取り消したい。まともに受けとめて悩まないでほしい」と焦ってもいるでしょう。

これをふまえたうえで、あなたが「遺書のとおりにしてあげられない」と判断したら、「ここに書かれたことはもういいでしょう？」と、遺影などを見ながら故人のたましいに問いかけてください。そして心の耳で返事を聞いてみてください。

故人がきっと後悔しているであろう内容の遺書は、お寺や神社にお焚《た》き上《あ》げをお願いして処分してもかまいません。

どうしてもとっておきたければ、遺書を「封印《ふういん》」し、簞笥《たんす》や押入の奥などにしまっておいてください。封印の方法は、まず白いきれいな半紙などにくるみます。くるんだら、一ヵ所でかまいませんので、しっかりのりづけします。そのあと遺書に向かって、人差し指で「九字《くじ》」を切ります。

封印した遺書は、間違っても仏壇にしまってはいけません。仏壇は、遺族と故人のたましいのいわば「面会所」です。四六時中そこにいるわけではありませんが、遺族がここで故人に語りかけるときは、故人も面会所に赴《おもむ》き、たましい同士の会話を交わすのです。そこに遺書を置くのは、故人に「あなたが書いた遺書だよ」と見せ続けるようなもの。後悔しそうな内容であるほど、故人はいたたまれず、仏壇に寄りつけなくなります。

遺書も遺言《ゆいごん》も大切ですが、今でもお互い対話はできること、自覚がなくてもたましいで対話していることを、ぜひ心に留めておいてください。

2　さまようたましいを目覚めさせるには

★故人のたましいは苦しんでいる

すでに書いたように、自殺したことに満足しているたましいなど皆無《かいむ》です。みな後悔し、暗闇《くらやみ》に閉じこもったり、死の自覚さえもてずにさまよったりしています。その状態から救い出し、目覚めさせることができるのは、これもまた「愛」をおいてほかにありません。その愛をもてるのは、やはりあなたをはじめとする、身近にいた人たちです。

「あの人はもう死んでしまったのだから」とか「一日も早く忘れたい」という気持ちになっても無理はないでしょう。「故人は天国へ行っているから大丈夫」と思うことで自分をなぐさめる人も多いようです。

その人のそばで、自殺されるのではないかとびくびくしていた年月が長ければ長いほど、自殺が現実になった今、あなたは虚脱《きょだつ》状態《じょうたい》になり、いっさいのつらい記憶を早く風化させたいと願っているかもしれません。その気持ちは痛いほどわかります。けれども、たましいの現実は厳しく、故人は生前よりもっと迷っているのです。そのたましいの浄化《じょうか》を、どうか手伝ってあげてください。

あなたが故人にしてあげられる「お手伝い」とはなにか。まず、故人が自分のしたことに少しでも早く目覚められるように励ますことです。そして、後悔の念が癒え、光に向かえるようになるまで応援し続けることです。

決して難《むずか》しいことではありません。故人に対する愛があり、「故人は今でも生きている」ということをしっかりふまえていれば、あなたには自然にできることばかりです。故人はもう目の前にいないのだから、なにもしてあげられないと思うかもしれませんが、それは違います。故人にはあなたの思いがきちんと伝わります。しかも今は、生前よりはるかに、あなたの愛や思いを受けとめやすい状態にあるのです。

あなたの愛は、今こそ百パーセント伝わります。ありったけの愛を送ってください。ただしその前にまず、あなた自身を癒し、それができる状態にならなければならないのは、すでに書いたとおりです。

★いつまでも泣いてはいられない

故人の仏壇やお墓に向かって「早く浄化してね」と泣きながらお願いする人がよくいます。けれど、泣きながらそう言ったところで、その願いは伝わりません。相手には「浄化してね」という気持ちが届く前に、悲しみの念ばかりが強く伝わってしまいます。すると故人は浄化どころか、この世に足をひっぱられてしまいます。

あなた自身がいつまでも泣いていながら、故人にばかり浄化を願うのは矛盾《むじゅん》しているのです。

ですから、いつまでも泣き暮らしている人に、私はよく言います。「まずあなた自身が成仏《じょうぶつ》してください。そうでないと供養なんてできませんよ」と。

死んでしまったからには、あきらめるしかないのです。「なぜ死んでしまったの？」「どうやって生きていったらいいの？」と聞いても答えは返りません。未練を断《た》つしかないのです。そして、いつか必ず再会できるのだという霊的真理を胸に、自分の人生を精いっぱい生きていくべきなのです。

いつまでも悲しみ続けるのは、厳しいようですが、相手に対する依存心や、自分自身をかわいそうに思う気持ちの表れです。故人のためを第一に思ったら、いつまでも泣いてはいられないはずです。故人は「とり返しのつかない失敗をしてしまった」という思いに沈み、はるかにつらい思いをしているのですから。

故人のためにも、その人はもうこの世にいないという現実を早く受《う》け容《い》れることです。そして、遺されたほかの人たちを明るく励ませる自分になることです。「生きているみんなで力を合わせてがんばろう！」。そう心から言えるあなたになることが、故人に対する愛であり、あなたのことを心配してくれているまわりの人たちに対する愛です。

故人に対しても「あなたがいなくなってから本当に大変です。でも私は今日も精いっぱい生きました。明日もがんばるから見ていてね！　あなたも精いっぱいがんばって。浮かばれないなんて言わせないよ！」と、明るく冗談を言えるくらいでちょうどいいのです。また、一日も早くそう言えるあなたになってほしいのです。

★本音をぶつけることも必要

今の話をとても厳しく感じてしまった方もいるでしょう。けれど、それがたましいの視点というものです。たましいの視点に立った本当の愛とは、この世の価値観からは、ときに厳しく冷淡にも感じられるものなのです。

もちろん、実際にはそれがどんなに難しいことか、私にもよくわかります。だからこそ「あなた自身をまず癒してください」と書いたのです。あなたのなかにたまっている怒り、不満、裏切られたという無念さ、悔しさに、絶対に蓋《ふた》をせず、故人に訴えてしまってください。蓋をしてしまったら、あなた自身が心や体を病み、本当の意味で生きていくことができなくなってしまうかもしれません。

故人に与えたままの誤解があるなら、今こそ懸命《けんめい》に真意を伝えてください。謝《あやま》りたい気持ちがある場合も同じです。心からわびてください。罪悪感もためこんだままではいけません。「この罪悪感を一生背負《せお》っていくことが故人のためになる」などと思うのは大変な誤解です。そんなことで故人は喜びません。

仏壇やお墓の前でなくても、あなたの思いは必ず伝わります。状況が許せば、声に出して言ったほうがいいでしょう。「言霊《ことたま》」の力により、さらに強力に伝わります。

故人のたましいは、死んだからといって特別な存在になったわけではなく、本質的に生前と変わりません。ですから美化する必要はないのです。勝手にひとりで遠い外国へ旅立ったようなものと考え、「なんで黙って行ってしまったの?」「あまりにも水くさいじゃない!」「ひどすぎる」と、思いのすべてを訴えかけてしまってください。正直な気持ちをぶつけても罰《ばち》はあたりません。

対等なたましい同士なのですから、今こそ正面きって闘っていいし、闘う必要があるのです。あなたの重すぎる荷物を、故人に聞いてもらうことで軽くしてくださ い。生前はそれができなかったでしょう。特に故人が自殺未遂《みすい》をくり返していたような場合は、いつ死なれるかとびくびくして、腫《は》れものにさわるようだったでしょう。でも今はもう大丈夫です。乱暴な言い方になりますが、故人はもうこれ以上死なないのですから。

闘うという過程を経ないと、あなたがこの先、本当の意味で生きられなくなるだけではありません。故人も先に進めないのです。

くり返し書いてきたように、自殺で亡くなったたましいには、死後、浄化に向かう前段階として、途方《とほう》もなく長い反省のときが待っています。まして自殺直後は、死という現実を受け容れられなかったり、暗闇に閉じこもったりしていて、そこにも至れないでいることが多いのです。

まずは故人を暗闇から出してあげないことには始まりません。その一番の方法は、故人に「ありのままの現実を見つめさせる」ことです。暗闇は本人の心が引きよせています。等身大の己《おのれ》を見つめ、霊的真理を理解することで、暗闇は光に変わっていきます。

★ありのままを言うほうが故人のため

故人に「ありのままの現実を見つめさせる」とはどういうことでしょう。

なによりもまず、死んだという事実を自覚させることです。

次に、本当は生きようがあったのに、苦悩のなかで視野が狭《せば》まり、死を選んでしまったという事実や、その結果多くの人々を悲しませ、絶望におとしいれたという事実を、ありのままに受け容れてもらうことです。それが故人には挽回への第一歩となります。

別の言い方をすると、故人に自分の「宿命」と「運命」を受け容れてもらうことです。故人は霊的世界になじんでくると、自分が生まれる前に選んだ「宿命」を思い出します。なぜあの時代のあの国に生まれ、あの家族や肉体を選んだのか、本当の目的を思い出します。そして、その「宿命」から学びきらずに、自殺という「運命」を自分が選んでしまったことも理解します。今回の人生のすべてを、俯瞰的《ふかんてき》な目で整理できてくるのです。そこで生じる後悔が、浄化には欠かせません。自分は「宿命」と「運命」をどう生かしたか、なぜ生かし切れなかったかを冷静に分析できてこそ、次に進めるのです。

あなたには、故人にありのままを語りかけることで、その手助けができます。「あなたには困難に勝てない弱さがあったね」「私たち家族はあなたを愛してたのに、あなたはそれに気づいてくれなかったんだよ」「自殺なんて絶対にするべきではなかったと思うよ」。あなたが心からそう思っているならば、故人のためにも言ったほうがいいのです。故人にしてみれば、いずれは向き合わなければいけないことなのですから。

ただし感情的になりすぎてはいけません。愛を込めて、しかし淡々《たんたん》と話すことです。

荒療治《あらりょうじ》に思えるかもしれません。「死者にむち打つなんて」と抵抗を感じる人もいるでしょう。けれども、たましいの視点では、はっきり言うほど本人のためになるのです。そこで受けるショックが、暗闇から脱出する力となるのです。

あなた自身が、なにか大きなあやまちをおかしたと想像してみてください。悔《く》やんでも悔やみ切れずにいるとき、まわりの人に「気にしなくていいよ」「あなたが悪いんじゃないよ」と言われることが本当の慰《なぐさ》めになるでしょうか。心の底から悔やんでいるときは、「たしかにあなたが間違っていたね」「自分が悪いんだからしょうがないよね」と言われたほうが、耳には痛いけれど、かえってすっきりするのではないでしょうか。

故人にもそういう言葉が必要なのです。耳に痛いことを敢《あ》えて言って目覚めてもらい、進むべき浄化の道へと促《うなが》すことが、故人を大切に思うあなただからこそもてる本当の愛なのです。

★お葬式はきちんと行うべき

具体的な供養について、少しだけふれておきましょう。

この世にはさまざまな供養のかたちがあります。仏教なら、お墓を建てる、仏壇に位牌《いはい》をまつる、戒名《かいみよう》をつける、お経をあげるなどです。どれも心をこめて行うなら、いい供養になるでしょう。

しかし心がこもっていなければ、どんなにお金をかけても意味はありません。スピリチュアルな視点では、どれだけお金や手間暇《てまひま》をかけたかよりも、「どれだけこめたか」が大事であることを、供養の基本としてまず心に留めておいてください。

心さえこもっていれば、かたちはどうあれ、あまり関係ないのです。あなたや家族が大切にしている形式で、心をこめて供養すればじゅうぶんです。それ以上のこだわりは要《い》りません。自殺だからといって、特別な供養の方法があるわけでもありません。

ただひとつ、私がたましいの視点から、これだけはしっかり行ったほうがいいと思うのは、お葬式です。家族が自殺をすると、密葬《みつそう》にしたり、お葬式そのものを省略してしまう家は少なくないようです。けれどもそれは好ましくありません。なぜなら、故人のたましいがはっきりと死を自覚できなくなるからです。

自殺の場合に限らず、スピリチュアルな視点から見たお葬式の第一の意味とは、故人に自分の死を自覚させることです。自分の人生はもう終わったのだとあきらめてもらい、次なる浄化の道へ気持ちを切り替えさせるイニシエーションなのです。お葬式は遺族にとっても気持ちを切り替えるいい機会となりますが、主役はやはり故人です。

特に「人間は死んだら無になるもの」と信じていた故人は、死後も自分がまだ意識をもっていて、みんなの様子も見えているという事実をどう受けとめていいかわからずにいます。そこで自分の遺影が飾られたお葬式を見ることが、死を自覚する決め手となるのです。なかには自分のお葬式を目の当《ま》たりにしてさえ、「私はまだ生きているよ！」と参列者に呼びかけたり、遺体のなかに無理やり入ろうとする故人もいないわけではありませんが、たいていの故人はお葬式を見ることであきらめがつき、みずからの死を受け容れていきます。そして参列者の一人ひとりにお別れのあいさつをします。

ですから、お葬式は省略せずにきちんと行ってください。密葬でも、まったく行わないよりはいいでしょう。故人と縁のあった人たちを可能な限りその場に呼んでください。

先述の「ありのままを言う」ということは、お葬式においても大事です。葬儀という場ではなぜか故人は美化されがちですが、霊的視点ではあまり望ましいことではありません。スピーチにしろ、お通夜《つや》での会話にしろ、故人に対して思っていることはつつみ隠《かく》さず口に出したほうがいいのです。

故人はそのすべてを聞いています。そして反省したり、恥ずかしく思ったりします。よけいパニックに陥《おちい》る場合もあるでしょう。しかしそのショックがいいカンフル剤となって、「よし、次はがんばろう」と、挽回への意欲が湧き、浄化が早まるのです。

★光のイメージを送る

お葬式以外の供養は、かたちよりも、そこにこめる気持ちが肝心です。どんな想念を送るかが、故人の浄化を早くもし、遅くもするのです。あなたが泣いてばかりいたり、故人を責め続けたり、いつまでも追いすがろうとすれば、浄化が遅れてしまいます。逆に、あなた自身がしっかりと自立し、故人への未練も断ち、その浄化を心から願っていることが伝われば、故人の浄化は早まります。

故人に言葉で励まし続けることはもちろん大切ですが、もうひとつ私がおすすめするのは、イメージでの励ましです。「真善美」に満ちた明るいイメージを送るのです。あなたの想念はビジュアル化することでいっそう故人に伝わりやすくなります。

故人のたましいが暗闇を脱し、今はもうすっかり晴れわたった明るい景色のなかにいる。その笑顔は穏《おだ》やかで、安らぎと希望に満ちている。そんな様子を思い浮かべ、故人に向けて送ってください。故人に対するあなたの愛、浄化を応援する気持ちもそこに添えてください。故人が生前好きだった花を知っていれば、そのお花畑のなかにいる故人の姿を想像してください。

そのイメージを故人はまるごと受けとります。たましいの世界では想念がすべてですから、あなたの想念がリアルで強いものならば、たちまち故人はその世界のなかに包みこまれるのです。

3　あなたが亡くした大切な人たち

★親を亡くしたあなたへ

自殺で大切な人を喪うことは、対象が誰であれ悲しいものですが、なかでも親に自殺された子どもが受ける心の傷は非常に深刻でしょう。親は自分を愛していなかったのではないかと思うかもしれませんし、借金苦により自殺した場合は、自分たち家族のために死んだという思いが消えないのではないかと思います。人生で最初に愛を教えてくれる親という存在が自殺などしたら、愛そのものを見失いかけてしまうかもしれません。あなたもそのひとりなら、さぞつらいことでしょう。

しかし、あなたの親は、あなたにとても大きな学びを残してくれました。自分の生きざま、死にざまをもって、あなたに人生というものを強烈なかたちで教えてくれたのです。その学びをしっかり受けとめながら成長し、やがて親を乗り越えていくことが、あなたにできる最高の生き方です。

子どもにとって親はとても大きな存在です。産んで育ててくれた存在であり、生き方を示してもらえる最初の大人です。そのため、親を客観的に見ることはなかなか難しいものです。大好きだったり、美化してみたり、逆に大嫌いだったり、いずれにしても等身大《とうしんだい》の姿で見ることはできないものです。それでも、できるだけ客観的にあなたの親を見てください。時間はかかるかもしれません。しかし親の自殺という体験を乗り越えるには、それが一番の方法なのです。

あなたの親も、親である以前にひとりの人間でした。あなたも大人になればわかるでしょう。どんなに立派に見える大人にも、苦悩もあれば、失敗もすれば、赤ん坊のような未熟さや甘えもあるのだと。あなたの親も例外ではなく、特別に強くもえらくもない人間だったのです。

なぜあなたたちが親子になったのか。たましいの視点では、それも決して偶然ではありません。学び合うべき部分があるから、親子としての縁が結ばれたのです。

生まれる順番は親が先、あなたはあとでしたが、たましいのうえではまったく対等です。そしてすでに書いたように、子どもであるあなたのほうが親を選んで生まれてきています。

「では私は、自殺する親を選んだというのですか？」と反発を覚えるかもしれません。でもそういうわけではありません。スピリチュアルな視点で見れば、自殺はひとつの失敗であり、自由意思で決めた「運命」です。なにもあなたが生まれる前から、親が自殺することが「宿命」として決まっていたわけではありません。大切なのは、そうした事象よりもはるかに根本の部分である、「そのような心の弱さをもつ親を選んだ」ということです。あなたにも同じように弱いところがあり、強くなりたいから、この親のもとで学びたいと願ったのです。

親の死後は、その視点に立って親のたましいと接しましょう。親だからといって美化することなく、等身大の親と向き合いましょう。よいところはよいところで認めて感謝し、弱いところ、もろかったところもそのまま受けとめるのです。親を愛するからこそ欠点をも直視するのであって、それは決して親をけなすことにはなりません。また逆に、親を恨みに思うあまり、やさしさやまじめさといった長所まで否定してもいけません。

親のたましいが一番喜ぶのは、あなたが強く自信をもって生きていく姿です。親が自殺したからといって自分を卑下《ひげ》することはありません。失敗のない人間はいないのです。あなたに大きな学びをくれた親に感謝して、あなたが立派に生きていく姿を見せてあげてください。目の前からいなくなっても、いつでも親はあなたを見ています。

★夫、妻を亡くしたあなたへ

夫や妻に自殺されるのも、とてもつらい経験です。「私がもっとやさしくしていれば」「あのときこうしてあげていたら」と、次から次へと後悔が湧いてくるでしょう。また、妻として、夫としての屈辱感《くつじょくかん》もあるでしょう。子どもがいれば、その親を死なせてしまったという自責の念にもさいなまれるかもしれません。そうなると親としての自信も喪失しそうになります。自殺の本当の理由にかかわりなく、自分が夫や妻を自殺に追い込み、家族を不幸にしたように思えてしまうのです。

けれどもどうか、そうした気持ちに負けないでください。あなたと子どもたちは、これからも生きていくのです。あなたが家族を明るく導《みちび》いていかなければなりません。

そのためにも、まずはやはり、あなたの思いを故人にぶつけてください。文句も言ってください。そのほうがお互いのためにいいのです。相手を美化することもありません。今は遠くへ出張に行っているくらいの気持ちで、ありのままを語ってください。

あなたの夫や妻は、自分が死んだあとのあなたの生きざまをよく見ています。あなたの死後には必ず再会し、お互いにつもりつもった話を心ゆくまでできます。そのときは心の底から和解できるのです。ですから、今を終わりと思わないでください。「自分たちは夫婦として失敗に終わったのだ」などと、無念に思わないでください。夫婦としてのふたりの絆は永遠に失われないのです。

子どもたちに申しわけないと思うなら、素直に謝ればいい。でも、それをいつまでも引きずってはいけません。あなたが自分を責めれば責めるほど、子どももあなたを責めるようになります。「責められたほうが楽」とあなたは思うかもしれませんが、子どものほうは楽ではありません。親を責めたい子どもなどいません。お父さん、お母さんが、自信をもって明るく輝いていてくれることが、なによりもうれしいのです。

かつての私の相談者にも、ご主人を自殺で亡くした女性がいました。そのショックはもちろん大きく、しばらくは大変でしたが、彼女はやがてみごとに立ち直り、ご主人を亡くす前の何倍もパワフルに生き始めました。人間は逆境にあってこそ本当の力が出せるのだと示してくれる、見本のような方でした。

あなたが自虐的《じぎやくてき》になれば、子どもも自虐的になってしまいます。あくまでも太陽のような明るさと強さで導いてあげてください。ときどきは涙も出てくるでしょう。しかしそれでもがんばるあなたの姿を、子どもは見ながら大人になっていくのです。

★わが子を亡くしたあなたへ

わが子を自殺で亡くすという経験もまた、耐《た》え難《がた》い悲しみを残すでしょう。「自分の子どもを守りきれなかった」と、一生悔やまれてならないと思います。

けれども、お子さんが死んだと思ってはいけません。たましいは生きているのですから、ともに生きていく気持ちをもち続けることが大切です。霊的世界に行ってしまったのは事実ですが、あなたが送り続ける愛を栄養にして、お子さんはこれからも育っていきます。あなたの子どもは、この世で強く生きているほかの子どもに比べ、親を悲しませる困った子どもかもしれません。でも、困った子どもは、親にとってかわいい子どもです。あなたのかわいい、大事なお子さんを、愛し続けてください。

愛し続けるということは、いつまでも追いすがったり、後を追って死のうと思ったりすることではありません。それはお子さんへの愛ではなく、厳しいようですが、あなた自身への愛なのです。一番苦しかったのは本人です。その苦しみから早く脱することができるよう、あなたの父性、母性を輝かせ、たましいのなかで見守り続けてください。

ただでさえ学び合うことの多いのが、親子という人間関係です。あなたたち親子は、自殺という事実により、いっそう深い学びに直面することになったのです。これからもあなたたち親子はともに学び合っていくでしょう。そうなったからには、いっそ気持ちを切り替えて、人生の真理をとことん学ぶことをおすすめします。

「子どもを亡くした私のこの先の人生は不幸なものでしかない」と思っている方もいるかもしれません。けれども、子どもがいようがいまいが、自分のたましいの喜びは自分の責任で見つけていくのが人生です。子どもがいれば幸せ、子どもがいなければ不幸ということはありえません。あなたにも新しい喜びを見つけ、幸せに生きていくことはできるのです。また、子どものため、あなた自身のためにそうするべきです。

「せっかくここまで育てたのに」と無念でならない方もいるでしょう。しかしそれはこの世しか見ていないからこそ出てくる言葉です。あなたがお子さんに注いだ愛は決して消えたりしません。今もお子さんは、その愛をしっかりたましいに刻《きざ》んでいます。

★友だち、恋人を亡くしたあなたへ

友だちや恋人を自殺で喪った方も、さまざまな苦しみを味わうことでしょう。でも、そこに必ず学びがあるということに気づいてください。

故人と縁があったということは、あなたにもその縁のなかで学ぶべきことがあるという証拠です。どんな出会いも「波長の法則」の結果だからです。あなたのなかにも故人と同じ弱さがあるのかもしれません。厭世観《えんせいかん》や、虚無感《きょむかん》があるのかもしれません。ですから他人事《ひとごと》とせず、故人の生と死の意味を深く見つめ、そこにある自分へのメッセージに気づいてください。故人が残してくれた教えを無駄にしないことです。そこから学び、故人の分も輝いて生きる勇気を得ることが、なによりの供養になります。

特に恋人に自殺されたりしたら、本当につらいと思います。けれども、あなたが輝いて生きることが大切なのは、ほかの場合とまったく同じです。二度と恋はできないなんて思ってはいけません。亡き恋人のためにずっと独身のまま生きていくというのも、気持ちは痛いほどわかりますが、違います。故人とのことを美しい思い出に変えて、あなた自身の今とこれからを輝かせて生きていくことが、故人の喜びともなるのです。

4　故人と手をとり合って

★スピリチュアリズムのすすめ

くり返し書いてきたように、あなたの思いはすべて故人に伝わっています。つまり、あなたが日々学んでいること、感動していることもみな伝わっているのです。

そこで、あなたにぜひ、スピリチュアリズム、つまり霊的真理を理解することをおすすめします。人はなぜ生まれ、いかにして生きるのか、そして死した後はどうなるのかを、この際よく学んでください。それはあなた自身の一生の宝となり、同時に、故人に対するなによりの供養となります。

孤独に学んでいると思ってはいけません。あなたが故人を思うとき、故人もあなたに思いを向けています。ですから二人三脚のつもりで学んでください。理解できたことはそのつど故人に報告し、日々の生活のなかで学びを実践に移せたときは、その感動も伝えてください。縁があってこそ出会ったあなたたちですから、あなたの気づきや感動が相手に伝わらないはずはありません。

あなたが学び、真理に目覚め、輝いて生き始めると、故人にも同じことが起きます。「親の背を見て子は育つ」という言葉がありますが、供養の基本は「子（遺された人）の生きざまを見て親（故人）は浄化する」なのです。自分のたましいの成長を怠《おこた》りながら、故人の浄化を願うことはできません。あなたが成長していてこそ、「早く浄化してね」という言葉が故人に強く響くのです。

あなたが学び、成長していく姿こそが、故人の浄化を促すなによりの刺激となります。あなたが再び前向きに生きていく勇気を手に入れないうちは、故人も敗者復活戦に本腰を入れられません。長いレースに挑み始める故人を、どうぞずっと応援していてください。故人に泣きごとや甘えを言わせないくらい、あなたが輝いて生きながら、エールを送り続けてください。そんなあなたに、私は心からエールを送ります。

★故人からのプレゼント

スピリチュアリズムはすばらしい叡智《えいち》ですが、私はすべての人が今すぐ学ぶべきだとは思っていません。その人その人に、「学び始める時期」というものがあるからです。学ぶ時期ではない人に無理やりすすめても、それはその人のたましいの栄養になりませんし、かえって拒絶反応を起こさせてしまいます。

また、誤解してほしくないのは、スピリチュアリズムを学んだからといって、すぐに崇高《すうこう》なたましいに変わるわけではないということです。逆に、スピリチュアリズムを知らなくても、崇高なたましいの持ち主はいくらでもいます。知識として霊的真理を知っているかどうかは、たましいの高さにはあまり関係ないのです。それも、私がスピリチュアリズムを強要してはいけないと思う理由のひとつです。

ただ、身近な人の自殺を経験し、生と死という究極のテーマに身をもって直面したあなたには、ぜひスピリチュアリズムを学んでほしいと思います。まさにあなたは「学び始める時期」にあると思うからです。たましいは永遠であることを前提に、生と死の根本を見つめるスピリチュアリズムは、今のあなたにはとてもよく吸収できるはずですし、死別の悲しみをやがて輝きに変えてもくれるはずです。

身近な人の自殺は、人生のありとあらゆる経験のなかでも、とりわけ重く苦しい経験です。しかしそれも無意味に起きてはいません。そこにはあなた自身に提示された学びがあるのです。自殺されるという経験を、ただ嘆き暮らすことで無駄にするか、深く受けとめ輝きに変えていくかは、ひとえにあなたしだいです。悲しみの泥のなかに埋没《まいぼつ》するか、そこから大きな蓮《はす》の花を咲かせるかは、あなたが決めることです。

低くしゃがんだときほど、高くジャンプできるのと同じで、これ以上はないという苦しみを味わった人ほど、これ以上はない強さと輝きを手に入れ、本当の幸せに目覚めることができます。ある意味では、故人がそのチャンスをあなたにプレゼントしてくれたのです。その幸せに、どうぞ気づいてください。

今まさに自殺を考えている方、愛する人の自殺の阻止に努めている方も、スピリチュアリズムをぜひ学んでください。自殺というテーマに直面している人はみな、自分は今「生きることの真理」という究極のテーマを学ぶ時期にいると受けとめていいのです。

★大我に生かす道

身近な人の自殺という経験を通じて、あなたの目には、この世の闇もよく見えてきたことでしょう。

なぜ、死にたくなるくらい苦しむ人がいるのか。

なぜ、苦しむ人を、社会は救いきれないのか。

苦しんだ末の自殺に、世間はなぜこうまでも冷たいのか。

平穏に暮らしていたのでは気づけないたくさんのことに気づき、尽きない疑問に悶々《もんもん》と悩んでいることでしょう。

たしかに今の世は闇だらけです。物質主義的価値観に染まっているがゆえに人々は苦しみ、物質主義的価値観に染まっているがゆえに、そこから抜け出られずにいます。

人間同士の心のふれ合いがどんどん失われ、一人ひとりが自分の商品価値を保つこと、物質的な価値を追い求めることばかりに夢中です。そのため隣にいる人の苦しみにも気づけません。すべては物質主義的価値観が大手を振ってきた歴史の当然の帰結なのです。

そんな世の中の悲しさにあなたが身をもって気づけたのなら、すばらしいことです。

さらにその気づきを、大我《たいが》のため、すなわち他人のため、社会のために生かすことができれば、最高にすばらしいことです。

あなたの経験、あなたの気づきを、大我のために生かしてください。あなたは今後の世の中を変えていく鍵《かぎ》となる、非常に大きなテーマを得たのです。意図せずして核心的なテーマにふれてしまったのです。

もちろんそれも偶然ではありません。あなたの奥底にあるたましいが引きよせたテーマであり、故人がプレゼントしてくれたテーマです。

人間が人間らしいつながりをもてなくなった今の社会に立ち向かい、もう二度と悲しい自殺者を出さないような、ハートフルな世の中に変えていく。あなたはそういう役割の一端《いったん》を担っているのです。その役割を自覚して、少しずつでいいからあなたの学びを生かしていってください。

あなたと同じように自殺で大切な人を喪った人や、今まさに自殺を阻止するために懸命になっている人たちに、経験者としてなにかしらの助言ができるようになることも、ひとつの生かし方です。職業としてのカウンセラーを目指すのもすばらしい選択でしょう。あなたが故人に抱いている「あのとき、ああしてあげればよかった」という後悔や、あなたが悲しみを乗り越えるまでにたどった道は、あとから同じ道をたどる人には貴重なヒントとなるはずです。

「そこまでできない」という方は、日常のなかでまわりにいる人たちに、今まで以上に心からの愛をもって接する、毎日の仕事に愛をこめる、笑顔を心がける、家族を大切にする、それだけでもじゅうぶんです。

あなたが自分自身の経験と気づきを大我のために生かしたとき、故人の死が「意味のあるもの」となります。たとえ間違った死であれ、あなたには、故人の死をすばらしいことのために生かしてあげることができるのです。

前向きに生かされたとき、故人もまた、誰かの役に立てたことになります。

故人があなたに究極の学びをプレゼントしてくれたように、あなたは故人のたましいに「誰かの役に立つ」という喜びをプレゼントしてあげてください。

人間というものは、生死を超えて、喜びや気づきを分かち合えるのです。そして、叡智という光さえ見失わなければ、自殺という失敗さえも、大我のために大きく生かすことができるのです。

人はみな、落ちこぼれていても天使です。

どんな失敗も必ず愛の光に変えていける、けなげな天使なのです。

対談

「生き抜くこと」の難しい時代に

——臨床心理の現場から

横湯園子
江原啓之

★「いのち」を実感できない時代

江原　近ごろ「人間は死んでも生き返ることができる」と信じている子どもがとても増えているそうですね。先日ＮＨＫの番組でそれを知って、非常にショックを受けました。その誤解が命の意味をあいまいなものにして、自殺の増加にも結びついているのではないかと。

横湯　たしかに今の子どもたちは、命の重さや痛みを実感する機会が少ないですよね。現実に起きている戦争でも、テレビで観れば、どこかフィクションのように感じられてしまいますし。

江原　子どもたちが無邪気に遊んでいるゲームにも、かなりバイオレンスなものがあったりして、つねづね問題に感じています。

横湯　画面の中でキャラクターがバンバン死んでいっても自分は痛みを感じません。命軽視の暴力文化はよくないです。ゲームも適度に楽しんでいる分にはいいのですが、中毒のようになってしまう人も多いようです。ゲーム依存をテーマにした論文を読んだことがありますが、インタビューした人のひとりが、一日十八時間もゲームをしていたとか。それではゲーム以外の自分の人生を考えられなくなります。

江原　本当です。怖いですね。ゲームは、はまると時間の感覚がまずなくなるし、ここで終わりということになかなかならない。

横湯　人間としての感覚や感情、それに語彙《ごい》も貧しくなっていくようです。このごろカウンセリングをしていて感じるのはボキャブラリーの乏《とぼ》しさ。それはカウンセリング場面だけではないと思います。友人から聞いた話ですが、深夜にラブメールを送った青年が、相手の反応がないのに焦《じ》れたのか、「返答せよ」とだけ書いて、再びメールしたんですって。それを聞いて驚きました。

江原　ずいぶん一方的ですね（笑）。メールは便利ですけど、相手の気持ちはおかまいなしに送れてしまう怖さがあります。

横湯　私たちのころは深夜にラブレターを書いても、翌朝もう一度読み直して、出そうかどうか迷って、ポストの前でまた迷って、とうとう投函《とうかん》しないで書き直したものです。そのあいだに気持ちが整理され、言葉が深まっていく。メールに慣れた人にはピンと来ない話かもしれませんが。今は人間同士のコミュニケーションがどこか無機質になっていますから、生身の人間とか、命というものの感覚も希薄《きはく》になりつつあるんでしょうね。
江原　そう思います。特に死というものを実感しづらくなった背景には、やっぱり核家族化の進行もあると思うんです。おじいちゃんやおばあちゃんが歳《とし》をとって死んでいくというプロセスを、子どもたちが目《ま》の当たりにしにくくなりましたから。
横湯　そうですね。それに、昔は死んでいく家族を自宅で看取《みと》ったし、出産も自宅で行ったものでしたが、今は病院がほとんどでしょう。そのこともまた生や死というもの、ひいては命というものの実感を得にくくしているのではないでしょうか。
江原　大人の側も、子どもに誕生や死の場面を見せてはショックだろうということで、できるだけ遠ざけようとしますよね。たしかにショックかもしれませんが、ある程度は必要なことだと思うんです。その経験から命の重さというものを実感できますから。その意味で、立ち会い分娩《ぶんべん》はとてもいいことだと思います。うちも次男が生まれるときに家族みんなで立ち会いました。長男は感動するかと思いきや、「なんでお尻《しり》から出てくるの?」と。それを聞いた妻の母親が「口から出てくるわけないでしょう」なんて答えて、マンガみたいな世界でしたけど(笑)。

横湯　でもご長男が大人になれば、きっとその経験が改めて大きな意味をもつのでしょうね。

★思春期の自殺――ある少女の場合

江原　横湯先生は子どもの心理、とりわけ不登校や虐待《ぎゃくたい》といったことがご専門で、そうした苦しみを抱える子どもたちのカウンセリングもしていらっしゃいますよね。たくさんの子どもたちが難《むずか》しい時期を乗り越えて大人になっていくのを支えてこられたわけですが、なかには、その子が自殺してしまうというつらいご経験も……。

横湯　ええ。国立病院の児童精神科にいたときに、三人ありました。思い出してもつらいです。三人とも十代半ばでした。

江原　ちょうど思春期の難しい年頃ですね。

横湯　またこの時期は、精神疾患《しっかん》の好発期でもあるんです。三人のうちのひとり、仮にA子さんとしますと、その少女の言葉を今でも覚えていますが、崩壊していく自分を正常な自分が見ていると表現していました。その恐怖感のなかで、十五歳で死んでいきました。

江原　つらかったんでしょうね。

横湯　ええ。「死にたい、死にたい」とばかり言っていました。私も若かったので、その苦しみを何とかしてあげたくて懸命《けんめい》にカウンセリングをしたんです。でも、すればするほど崩壊していく部分が明らかになってしまう。あの経験から私は、一番危ない時期には、カウンセリングよりも、そこを早く通り過ごさせてあげることが大切なんだと学びました。

江原　通り過ごさせてあげるというのは。

横湯　たとえば、不眠に対して、眠れないつらさを共有しながら、医師から出ている薬を飲むことをすすめます。また、「人間、極限までくれば眠れるから、眠れるときを待とう」みたいなつき合い方をして、その時期が過ぎていくのを待ちます。

江原　なるほど。でも、カウンセリングするべき時期か、そうでないかの見きわめもまた難しそうですね。

横湯　難しいです。ですから専門家が何人かで組んでひとりの子を見守り、情報交換しながら状況を分析して対応していく体制が必要だと思います。うつ病などにしても、自殺に至りやすい一番のピークのような時期があって、そういう時期にはやはり薬や入院も必要だと思います。

江原　薬や入院によって危機を通り過ごさせるというわけですね。

横湯　はい。焦燥感《しょうそうかん》がひどい場合、入院を考えたほうがよいときもあります。A子さんとはまた別に、近所の高層住宅の屋上から飛び降り自殺をしてしまった少女がいます。その日、私はどうも胸騒ぎがしてご自宅に電話をしたんですが、親御さんは「さっきまで弟と楽しそうにテレビを観ていて、今は本を買いに行っていますから大丈夫です」と言うんです。でも結局それきり帰って来なかった。屋上の現場検証をした警官の話では、普通は死ぬ前に迷って、足跡や手でさわった跡があちこちにあるものだけど、彼女の場合まったくなかったそうです。屋上に上がって、そのまま一直線に飛び降りたらしくて。

江原　決意が固かったんですね。家族に自殺の徴候《ちょうこう》を見せなかったみたいですし。

横湯　見せたくなかったんです。彼女はよく「私が死にたがっていることを、親には絶対に言わないで」と言っていました。「親の期待に添えないだめな自分」という思いが最後まで拭《ぬぐ》えなかったのでしょう。彼女の場合、入院させてでも救いたかったです。

★精神医療の現状

江原　ところで入院にも、自主入院と強制入院がありますでしょう。ものすごく難しい問題ですよね。なかなか本人は入院したがらないことが多いようですし、かといって強制入院させることができるのは限られたケースですから。

横湯　そうなんです。現在の精神保健福祉法による措置入院の規定では、知事の指定する二人以上の診察を受けて、各指定医の診察が一致しなければならないわけですから、そう簡単ではありません。

江原　でも二人の医師が証明すれば大丈夫ではあるんですね。ただ、その前に本人を精神科に連れていかなくてはいけない。そもそもこれが大変だという話を聞きます。ほとんどの場合、本人は自分が病気だと認めたがりませんから。

横湯　ええ。しかたなく本人の代わりに親や家族が病院にいらっしゃることが多いのですが、本人でないと、いくら医師に訴えてもなかなか。

江原　その状況のなかで四面楚歌《しめんそか》になってしまう家族が、今すごく多いと思います。万策《ばんさく》尽きて、私のもとへ来たケースもたくさんありました。このままだと自殺志願者のまわりにいる人たちは、危険な状態なのがわかっていてもただ見ているしかなくて、どんどん自殺されてしまうのではないでしょうか。

横湯　私もそれを危惧《きぐ》しています。病院の受け入れ態勢は、今とても不十分ですね。精神科そのものの数が少ないのも困った問題です。

江原　少ないですよね。だから一人ひとりの患者に時間をかけられなくなって、結局は短い診療と薬を出すだけになってしまう病院も多いでしょう。

横湯　ええ。もっとゆっくり話を聞いてほしいです。

江原　ただ、最近は心療内科やメンタルクリニックといった名称の病院が増えて、精神科には行きづらい人も、そういうところなら行きやすいようです。すごくいいことですね。だけど、聞いた話によれば、そこでも薬をもらうだけだったりする。飲まないよりは飲んだほうがいいのかもしれませんが、飲み続けたところでどうなるのか、先が見えずに悩む人は多いです。そこでカウンセリングというものが重要になってくると思うんです。

横湯　ところがそのカウンセラーの数がまた少ないんです。

江原　となると、自殺志願者をとりまく家族や恋人は、いったいどうしたらいいのか……。

横湯　ただ場合によっては、本人の代わりにまわりにいる誰かが精神科に行くことで、道が開けることもあるんですよ。本人がいなくても、必要であれば薬を処方してくれますし、病院に来た家族などの話を聞いて、間接的にカウンセリングする医師もいます。

江原　なるほど、間接的な治療というものがあるんですね。一部の病院に限る話だとは思いますが、その話は救いです。融通《ゆうずう》が利《き》くのは、大きい病院ですか、それとも個人病院ですか。

横湯　一人ひとりのお医者さんによるので規模とは関係ありません。ですから、お医者さん選びはすごく大切ですね。探すのは大変かもしれませんが、いいお医者さんは必ずいますし、いい病院もあります。ただ、私個人の好みというか信頼感で、あの病院がいいな、あの先生が親身《しんみ》だなという病院名とか医師の名前をここで言うのは控《ひか》えます。偏《かたよ》りが出たり、その先生が忙しくなりすぎても困りますから。ただ、都道府県立の精神保健福祉センターがあるはずですから、そこを訪ねることをすすめます。でも何といっても口コミで「親身になってくれるあの病院」「親身になってくれるあの先生」という「あの」が大事じゃないでしょうか。名医はいるものです。医師だけでなくカウンセラー、ソーシャルワーカーが控えている病院、クリニックであれば、とりあえず安心です。

★「HELP　ME」と書き遺した少年

江原　自殺してしまった三人のうち、三人めはどういう自殺だったんですか。

横湯　十七歳の男の子で、カウンセリングの約束の日に来なかったんです。いつも必ず来る子だったので、いやな予感がしてご自宅に電話をしたら、「昼寝をしているから大丈夫です」と。でももうその時点で、自分の部屋でガス管をくわえて自殺していたんです。遺書がわりに大学ノートが部屋にあって、一ページめから最後まで「HELP　ME」という文字がびっしり書かれていました。

江原　悲痛な叫びを感じますね。一般に自殺は男性に多いけれど、やっぱり男性のほうがもろいということでしょうか。

横湯　もろいというか、若いうちから社会的プレッシャーがかかっていますよね。彼の場合も、成績はものすごくよかったんですけれど、よければよいで、期待がかかりますから。

江原　でもその期待が、本人の幸せと合致していなかったんでしょうね。よくある話です。親の期待といっても、純粋な愛からくる期待でない限り、子どもにはどうしても負担になりますし、精神的に孤独になりますよ。彼も孤独だったんじゃないでしょうか。

横湯　はい。ですから、せめて私みたいな立場の人間がと思いましたけれど……。

江原　やっぱり親でないと、という感じでしたか。

横湯　彼の場合だけでなく、最終的には親なのではないでしょうか。一番認めてほしい人が、無条件に自分を認めてくれるとき、子どもたちは真の意味で救われるんです。でも自殺のサインを感受するのは、私たちでも難しいです。

江原　先ほどうかがった、高層住宅から投身自殺をしたという少女は、やはり自殺願望が前からあった子だったんですか。

横湯　ええ、その前に一度、集団自殺をしようとして、防いだことがありました。

江原　集団自殺は最近とみに増えてきていますね。死にたい心境にある人たちが集団になると、やっぱり群集心理が働いてしまうんでしょうか。

横湯　そうですね。彼女たちも、みんなで死ねば怖くないと考えたようです。飛び降り自殺でした。ただ、そのなかにひとり、直前で怖くなって逃げてきた子がいましてね。すぐに私たちが現場に駆けつけて、そのときは全員助かりました。助かった少女の一人は「存在の不安」という言葉をよく使っていました。幼いときにリカちゃん人形で遊んでいて、操《あやつ》られている人形を見ていたら、自分も操られているんではないかと思えてきたそうです。その当時から「存在の不安」が強かったというから、おませな幼児ですよね。自殺を考えるほど思いつめてしまう子どもたちは基本的に精神発達が早いタイプが多いように思います。自分はなぜ生きているのか、なぜ生まれてきたのか、自分は存在する意味があるのかないのか。そういうところで悩むんです。

江原　今多い、うつやひきこもりの子どもたち全体にそれが言えますね。彼らの一部には、精神発達が早い子、私の言い方で言えば「たましいの高い子」がいるんです。ふつうの子が何とも思わないことに敏感に反応して、世の中の矛盾《むじゅん》に苦悩したり、人生とは何かと考え込んでしまうんです。その少女も、「存在の不安」を感じるようになったきっかけが、何か具体的にあったのかもしれませんね。

横湯　彼女がまだ幼かったときに、お父さんが「おまえはなぜオギャーと言って生まれてきたのか。お釈迦様《しやかさま》は天上天下唯我独尊《てんじょうてんげゆいがどくそん》と言って生まれてきたんだぞ」とからかったらしいんです。そのときから彼女は「この世にはそういうすごい人がいるのに、私はオギャーとしか言わなかった。いつかお父さんの期待を裏切るに違いない」と、ずっと思っていたそうです。

★愛着障害が引き起こすゆがみ

江原　お話をうかがっていると、自殺してしまう子どもは、基本的に頭がよくて、いい子で、なのに自己否定が強い傾向があるような気がしますね。

横湯　ええ。自己否定が強いですね。みんな「このまま生きていても意味がない」とか「私がいても迷惑をかけるだけ」と言っていました。

江原　気質的に繊細《せんさい》でもあったんでしょうね。それとやっぱり、愛着《あいちやく》障害の問題はありませんか。小さいときにしっかり抱かれていたかどうかは、すごく影響するように思うのですが。

横湯　影響しますね。あるがままの自分が受容され愛されてきた子どもは、自分をオーケーだと思えますから。間違っても、叱《しか》られても、成績が悪くても、生きていることとそのものを親が喜んでくれる、それが大事です。ところが愛着障害の子、厳しく人格までを否定され、あるいは無視や暴力を受けていた子は、大人になっても精神が不安定です。

江原　とすると、これからの時代、もっともっと増えるということですよね。

横湯　そう思います。

江原　子どもを愛するということの意味が、親の価値観から見て「いい子」かどうかになっている家庭が今すごく多いでしょう。勉強ができるとか、能力があるとかだけで価値判断されていますよね。これを私は「物質主義的価値観」と言っています。わが子がただ生きていてくれるだけで無条件に愛するというところから、多くの親はかけ離れてしまっています。

横湯　よくわかります。私も江原さんの言う物質主義的価値観と同じ意味のことを、「学校的価値観」とか、「偏差値序列」といった言葉で言っていますが、こうした価値観に適《かな》わなかった子どもたちは、生まれもったいい部分までも認めてもらえず、非常に不安定でセルフイメージが低い子どもになってしまうんですね。困難に直面するど、だめな自分をまざまざと見てしまうというんでしょうか。胸が痛みます。

江原　だめな自分は生きているのもだめ、と考えてしまうんですよね。物質主義的価値観にとらわれた親や学校に育てられると、自分自身をも物質主義的価値観で見るようになりますから。

横湯　家庭までが学校的になってしまって、勉強のできる子イコールいい子という価値観で子育てするという傾向は、一九七〇年代後半ぐらいから特に目立ってきたと思います。子どもたちが人格のある一人の人間として大事にされなくなってしまいました。子どももそういう基準でしか自分を見なくなりますから、なかなか本当の自然体の自分が出せませんよね。

江原　ええ。また、そうやって自分の素朴な思いをかき消されながら育ってきた子どもたちが、今は成長して親や学校の先生になっています。政治家や医師にもなっていて、社会全体がだんだんそうなっていく。そこでさまざまなゆがみが出てきてしまっているんです。

横湯　そうですね。人間としての軸がなくなってきているというんでしょうか。軸があるとしても非常に危うい、それこそ「できるかできないか」といった偏差値的な軸ですしね。

★無条件に認めてほしい

江原　先ほど先生が、「一番認めてほしい人が、無条件に自分を認めてくれるとき、子どもたちは真の意味で救われる」とおっしゃったでしょう。大人になっても「認められない寂《さび》しさ」を引きずっている人はけっこういますよね。一番認めてほしい人に認められない限り、いつまでもそのこだわりが消えない。四、五十代になっても、子ども時代に親に愛されなかったトラウマをまだ抱えていたり。

横湯　そうですね。ですから、その人ひとりを見るのではなく、ルーツをたどって、今の人間関係にそれがどのように影響しているのかをたどっていくというのでしょうか。そのようなかかわりが大事ですね。前にこういう女子高校生がいました。思春期の自立課題に直面して、いっきょにいろいろのことが見えてきて、「私は、良い子である自分を親にプレゼントするために生まれてきた」のだと気づき、食も細くなり、自殺を考えるところまでいってしまったんです。

江原　それは親御さんの目にもわかる、明らかな変化ですね。

横湯　そうなんです。ですからご両親は本気で危機感を覚えたようなんです。ある朝、彼女が目を覚ましたら、枕元にご両親が並んで正座していたそうです。そして「とにかく生きてほしい」と本気で頼んだそうです。「生きていてくれさえすれば親は幸せだ」と。その瞬間、初めて「ああ、自分を生きていいんだ」と思ったと言うんです。頭のあたりにあった石のようなものが取れて、上からふわーっと光が入ってきたようだったと。

江原　彼女にとって親のプレッシャーは、石のように硬くて重かったわけですね。

横湯　ええ。その後はすっかり元気になり、心理関係の仕事をしています。今、こうしていろいろなケースをふり返りますと、助かる子と助からない子の差は、たしかに紙一重ではあるんですが、まわりにいる人たちに、「正念場《しょうねんば》」のような時期があって、そのときどうするかが大事だという気がします。

江原　そうですね。そこで親や家族が大きな役割を果たすことが多いとは思います。ただ、「正念場」を支える人の数は、やはり多いほどいいとも思うんです。

横湯　そこなんです。実際、家族だけでは大変すぎます。どんなに深い愛があっても、四六時中自殺しないように見守るのは、決してなまやさしいことではありません。

江原　というか、ほとんど無理ですよね。ですから、ひとりの人の自殺を阻止《そし》するには、何人もの人手が必要だと思います。そのためにも、自殺志願者がいることを、その家族が隠《かく》したり、抱え込んだりしては絶対にいけない。

横湯　本当にそう思います。限界があるんです。

江原　私はつねづね、これからはみんなが「家族」だという気持ちで支え合わなければならない時代だと考えているんです。今は、家族が家族として機能していないようなことが少なくないでしょう。そのうえ、それぞれの家族が孤立している。地域社会のよさも失われている。人間関係もどこか希薄で、本音を語れる場がない。これでは、孤独を感じて自殺に走りたがる人が出てきても不思議はないんです。この閉塞《へいそく》した状況を打ち破るのは、みんなが「家族」であるという意識をもち、お互いにあたたかい関係を築き上げること。これしかないと思うんです。

横湯　みんな「家族」ですか。魅力ありますね。たしかに、親や家族では支えられない部分を、他人がフォローできるということはあります。親には絶対に言えないことを、カウンセラーや精神科医、ソーシャルワーカー、保健師、学校の教師などの対人関係職の人間が聞くことはできます。でも、それでも支えるのには限界があります。つながり合い支え合う関係が大切ですね。

江原　そうなんです。精神科医なり、横湯先生のような心理の専門家なり、学校の先生や友だち、近所のおじさんおばさんが、みんなでひとつの命を支えていく。それはものすごく価値のあることですし、たましいの視点から見ても、みんなでひとつの経験や感動を共有するのは、とてもすばらしい学びになるんです。

横湯園子（よこゆ・そのこ）
1939年、静岡県生まれ。教育臨床心理学者。臨床心理士。日本社会事業大学社会福祉学部卒。国立精神・神経センター精神保健研究所客員研究員、女子美術大学助教授、北海道大学教授等を経て、現在、中央大学文学部教授。著書に『登校拒否——新たなる旅立ち』『アーベル指輪のおまじない』『子どもの心の不思議』『教育臨床心理学』ほか多数。

緊急提言

なぜ自殺が増え続けるのか？

――物質主義的価値観こそが最大の敵

百年に一度といわれる大不況のなか、自殺者の数が増え続けています。あるデータによると一九九八年以降、年間自殺者数が三万人を下らない状況となっています。私がこの『いのちが危ない！』を単行本で刊行してから早四年。この書籍を読んで「自殺を思いとどまった」という方もいらした一方で、本書のなかで指摘してきたことが現実となっている事態に危機感を覚えています。今回文庫版を出版するにあたり、どうしてここまで自殺者が絶えないのか、改善するにはどうすればいいのか、世情を鑑《かんが》みながらさらに分析したいと考えました。

なぜ、人はみずからいのちを絶ってしまうのか？　それは結局のところ、「物質主義的価値観」が蔓延《まんえん》しているからだとしか言いようがありません。本書のなかでもたびたび指摘していますが、戦後この国は、モノがあれば幸せという価値観に染まり、「モノがないことは不幸」という発想を生み出してしまいました。生きていること自体に価値があるのに、肩書やお金といった〝モノ〟がなくなると生きている価値さえない、というふうに、誤った考えに陥《おちい》ってしまったのです。

自殺を考えるほどにまで追い詰められる原因はさまざまですが、リストラされて職を失ったとか、借金が返せないとか、自分や家族の病気を苦にしてという理由が多いように感じます。しかし、実はこのどれも、物質主義的価値観に洗脳されてしまっているがゆえの苦悩です。人生に、勝ち負けはないのです。「リストラされたからもう生きていけない」「家族を養っていけないのが申しわけない」と思い詰めることはありません。たとえ会社が倒産しても、あなたは「敗者」ではありません。それなのに、まるでもうやり直しがきかない〝スクラップ〟だと思いこんでしまう人が多いのです。それは、肩書や立場といった物質的なものに縛られて、それがないと生きる価値がないと感じてしまうからです。たとえどんなにつらい境遇にあったとしても、自分の中で果敢にがんばって生きていたら、それだけで立派。決して〝負け〟てはいないのです。

また、闘病や家族の病気を抱えて生きている方も、確かにつらいかもしれませんが、この場合もやはり苦悩のもとは物質主義的価値観です。たとえば、自分が病気で「これ以上家族に迷惑をかけられない」と自殺に思いいたったとしましょう。一見謙虚で家族への愛があるように思えるかもしれませんが、スピリチュアルに見れば、人間は基本的には「迷惑のかけ合い」をしているもの。お互いに困っているときには助け合うのは当たり前のことなのです。

「病気をしたから生きているのがつらい」というふうに思うのは、生まれながらに病気と闘っている人や寝たきりになっている人、後天的に不自由を得た人に対して失礼です。「生きている価値がない」というふうに差別していることになるからです。ですから、たとえ、「家族に迷惑をかける」と思っても、最後まで生き抜くことに価値があるのです。

まわりの人も、病と闘うあなたの姿を見ることで、いのちの尊厳や生きることとは何かを学んでいます。闘病することがあなたの役、そしてお世話をすることはまわりの人の役目です。そう、何事も「お互い様」。物質的な価値観に縛られていたら、こんなシンプルなことさえ見えなくなり、どんどん視野が狭くなってしまいます。どのような状態であれ、価値があるから生きるのではなく、生き抜くことに価値があるのです。

★限界を感じたら〝降参〟してもいい――生活保護や自己破産も選択肢に入れる

物質主義的価値観から早く脱却していかないことには、これからもますます自殺や心中という問題が増えていくとみています。とくに、高齢化社会が進む中、家族の看護や介護をしていて「限界」を感じる人が後を絶たないでしょう。けれど、本当に限界なら〝降参すること〟も悪いことではありません。生活がつらいなら生活保護を受けてもいいし、介護をするのが苦しいなら行政や専門家の手を借りてもいいのです。経済的に限界なら、破産する道もある。死を選ぶくらいの覚悟があるなら、むしろ、ゼロからやり直す覚悟だってできるはずです。人に頼ることは、みっともなくも、恥ずかしくもありません。

「もう少しがんばったら、よくなるんじゃないか」と、我慢をしないでください。限界を感じているなら、早めに手をあげ、まわりに助けを求めましょう。人生は勝ち負けではないのです。こういう「いざ」というときのためにも、日ごろからもっと人とかかわってコミュニケーションをとっておくことが大事です。ひとりで抱え込もうとせず、まわりに助けを求めれば、必ず道は開かれるものなのです。

こんな昔話があります。ある村に、信仰深いおばあさんがいました。その村にあるとき大水がやって来て、おばあさんは溺れそうになっています。そこへ若い男性がおばあさんを助けようと船を出すのですが、おばあさんは「いつも神様、仏様を信心しているから、やがて水が引いて助かる」と、船には乗らず、結局亡くなってしまいました。その後、天国で神様に言うのです。「どうして助けてくださらなかったのか」と。すると、こう答えが返ってきました。「だから助け船を出したのに」と。――これは、物語ですが、「頑なな心」になっていたら、あなたも同じように、目の前にある助け船にも気づくことができなくなってしまいます。絶対に助け船はあります。自分がそれを求める勇気を持てるかどうかにかかっています。恥ずかしい、情けない……。そういうプライドは捨てましょう。苦しい時は、感情的になってしまうものですが、理性的になり、行政の力を借りるなど、現実的な行動に出ることが身を助けるのです。やるだけのことをやったのなら、助けを求め、ゼロから再スタートしていい。それは、「依存」でも「逃げ」でもありません。

★コミュニケーション不全の時代――裸になって「事情」を伝えることの大切さ

自殺を考える以前に、本来であれば、周囲に助けを求めるという道があります。しかし、最近は、〝一億総コミュニケーション不全〟とも言える状態で、人と人がまともに会話をしなくなっている。そのため、自分でSOSを伝えることもしないで、自死を選んでしまうというケースが多いように思います。家庭でも職場でも友だち同士でも、直接会話するよりメールでやりとりするといったことが多くなっている昨今です。昔なら〝お天気〟の話題ひとつでも見知らぬ人と話をしていたものですが、いまや身近な人とでさえ、ろくに会話をしなくなっています。会話をしなくなると、セルフカウンセリングができなくなっていきます。人に悩みごとを話すことによって、頭の中が整理されて、自分自身で問題解決の糸口を見つけることもできるのです。行き詰まることがあったら、とにかく誰かと話をしてみるのです。すると、「ああ、そういうふうな考えもあるのか」といったふうにヒントを得ることもできるでしょう。昔は、こうした語らいの中から、自分自身を見つめ直す時間を作っていたのです。「私にはそんな相談相手、いません」と言う人もいるかもしれません。ならば、公園にでも出かけて、知らない人とでも話してみればいいのです。ひとりの世界に閉じこもってしまうと、苦しくなる一方です。今の人はみな、傷つくことが怖いから、人と交わろうとしないのだと思います。でも、人と関わらなければ、悩みも解決しないし、先へ進むことなどできません。

悩みすぎて「うつ」になり、それがもとで自殺する人もいます。しかし、こうした場合でも、初期の段階でもっと人と関わり、話をしていれば、自ずと解決策を見いだせていたはずなのです。日本人特有の美徳なのかもしれませんが、「黙して語らず」を貫こうとする人が多いように思います。しかし、本当にせっぱ詰まっているときは、とにかく話すことが何よりも大切なのです。自分のなかだけで抱え込むことは決して美徳ではありません。

おしゃべりなうつの人というのはそういないものです。きっと、そういう人は人と話す中で、自力で悩みを解決していく術《すべ》を見いだすからだと分析しています。

外界とのつながりや会話をシャットアウトして「個室」に閉じこもってしまうから、悩みの糸がからまって複雑化していくのでしょう。

悩みは話したほうがいい。そして、特に家族など身近な人には率直に打ち明けることです。リストラされたのに、それを告げられず、スーツを着て公園に〝出勤〟するお父さんがいるようですが、そこまで無理をすることはありません。家は〝旅館〟ではないのです。妻や子どもに手厚くサービスをしなければならない場所ではありません。家族は、問題があればともに向き合い、乗り越えていく共同体なのです。「家族に申しわけが立たない」というふうに思う気持ちはわかりますが、大変なときほど、その〝背中〟を見せること。嘘偽《うそいつわ》りなく、等身大《とうしんだい》の自分を見せることです。

物質主義的価値観に染まっていると、「父親らしくしなければ」とか「親の威厳がなくなる」と気にしてしまうかもしれません。しかし、肩書や役割に固執《こしゅう》せず、ありのままの裸の姿を見せることが一番なのです。たとえば、会社の経営が大変な状況にあるなら、それをそのまま伝えること。感情的になって話すとただの愚痴になりますが、理性的に事実を述べれば、必ず伝わります。これは、会社の経営をしている社長が、従業員に事情を伝える場合も同じ。包み隠さず、本当のことを言うことです。「責任をとって、このいのちで贖《あがな》います」というのは、本当の意味で責任を果たしたことにはなりません。大変なときほど、人との間に垣根をつくらないこと。コミュニケーションをとるために、心の「個室」から出ることです。

★コミュニケーションがなぜできない?

あるテレビ番組を観ていたとき、リストラに遭《あ》った若いホームレスの女性のことが紹介されていました。毎日ファーストフード店などで夜を明かし、駅の洗面所で髪を洗うような暮らしをしているというのです。私は、どうして一人も頼れる友だちがいないのだろうか? と、彼女がこれまでに一体どう人と関わってきたのかが不思議でなりませんでした。世の中には、会社が倒産し、借金まみれで家族も離散し、にっちもさっちもいかずホームレスになる道を選ぶという人もいます。しかし、まだ若い年齢で、どうしてすぐにホームレスになる道を選んでしまうのか、私には疑問なのです。親しい友だちが十人いれば、たとえ三日間ずつでも泊めてもらえれば、当面は暮らしていけるものではないでしょうか。いくら不景気とはいえ、三日くらいならば、面倒を見てあげようという人はいるはずです。リストラに遭ったことは確かにお気の毒なことかもしれませんが、ただその一面だけを見るのではなく、これまでの人間関係の築き方を問われているのだというふうにとらえることが大事だと思うのです。

しばらく友だちなり知人の家に居候をさせてもらって、そのあいだに新しい働き口を探すことはできるはずです。住所が不定だと就職活動もできないと言う人がいますが、昔は、「○○様方」という住所をよく見かけました。間借りをして、その住所を借りて職探しをすることもできると思うのです。それに、最初から自分の希望通りの職に就こうと考えすぎている人も多いように思います。何でも「インスタント思考」になってしまっているため、すぐに希望通りにならないだけで挫折《ざせつ》してしまうのです。インスタント食品のように、すぐに食べられるものは確かに便利ですが、考え方までも「インスタント」になってしまったのは、問題だと思います。

ひとつの道がダメだとしても、他の道を探せばいいのに、それをせずにすぐ諦《あきら》めてしまう。そうしたインスタント思考が直らない限り、打たれ弱い人が増えていくように思えてなりません。

そもそも、人づきあいは面倒なものです。けれど、人と関わるからこそ、学べることがたくさんあるのです。昔、プロ野球選手が定宿にしていた旅館が、今は居酒屋にかわっていて、そこを訪ねたときに店主の方からこんなエピソードを聞きました。ある有名な選手が、夜みんなが寝静まってから素振りの練習をしていた。その選手はまわりの人を起こさないように気遣っていたけれど、後輩たちは実は先輩が練習していることを知っていて、自分たちもがんばらなければと思ったというのです。共同生活ゆえに、お風呂に入る順番にも気を遣《つか》ったり……と、なにかと不自由もあったようですが、その分、多くのことを教わることができたのだ、という話でした。今は、こうした上下関係や共同生活を面倒だと感じる人のほうが多いと思います。しかし、煩《わずら》わしいことがあっても、そうした深い関わりのなかでこそ、生きる知恵も身についていくのではないでしょうか。

昔は、仕事がないなら、知人に何か働き口はないかと尋ねて回ったりもしていたものです。そうやって人に自分から声をかけていくうちに、「人手は足りているけれど、そんなに困っているならうちで働くか？」などと、声をかけてもらったというような温情があったと思うのです。「昔とは時代が違う。そんなに甘いものか」と思うかもしれませんが、心を自分から閉ざしさえしなければ、道は絶対にあります。人とのコミュニケーションをとらなくなって、こうした〝人間力〟をみずから手放してしまったことで、みずからの首をしめているのではないでしょうか。

★便利は本当に必要なもの？

戦後、この国にはびこった物質主義的価値観が、人々の心まで変えてしまったのです。しかし、こう指摘すると「でも、そのおかげで生活は便利になった」と反論する人がいるかもしれません。確かに、洗濯板で洗い物をしていた主婦からすれば、洗濯機の登場は画期的だったでしょう。通信機器も、電話からファックス、ＰＨＳ、そして携帯電話と進化して、今では公私ともに携帯電話は手放せないという人も多いかもしれません。

けれど、こうした便利は、果たしてどこまで必要なものなのでしょうか？　家事の大変さが軽減されるのは、〝楽〟なことかもしれません。けれど、楽ができた分、その余った時間にどれほど有益なことができているでしょうか？　携帯電話があるおかげで、四六時中仕事から離れられなくなったといった声も聞きます。便利になった分、かえって仕事が忙しくなり、いつも何かに追われている生活……。終電の時刻も遅くなり、残業つづきで、家族で会話する時間もほとんどない。子どもは子どもで塾通いに忙しく、家族で食卓を囲むことも少ない。そういう暮らしを続けていたら、誰だって心が疲弊《ひへい》していきます。

便利なものが、必ずしも心を豊かにするとは限りません。心を助ける便利があるとすれば、交通の便利くらいでしょうか。昔は、親元から離れて暮らしていると、親の死に目に会うこともままならなかったでしょう。しかし、今は国内であれば半日もあれば移動できます。

こうした人の心を助ける便利はほんの一部で、大半は、人を便利という名の〝怠《たい》惰《だ》〟に向かわせているように思います。楽をするというのは、ある意味手を抜くということ。本来するべきことをせずに怠けているともいえるのです。たとえば、「お中元」や「お歳暮」といったならわしも、今は〝便利〟になって、カタログから選ぶだけでデパートなどから発送してもらうこともできます。しかし、この風習はもともと、お世話になっている人たちに、季節のあいさつをするためにわざわざ出向く、というところに意味があったこと。訪問されるほうも、それを出迎えてもてなしをするという「コミュニケーション」が成り立っていたのです。考えてみれば双方にとって面倒なことかもしれませんが、そのやりとりを通して、心の交流がはかれていたのです。今は、ともすれば「とりあえず贈っておかないと失礼だから」と形ばかり整えてそれで済ませようとしている人も多いのではないでしょうか？

このように、便利と怠惰は、本当に紙一重です。今あるほとんどのものが、私には便利というより怠惰な心の表れのような気がしてなりません。便利なものばかり追い求めていると、ますます人間関係が希薄《きはく》になり、コミュニケーション不全に陥っていく。この悪循環を断《た》たないことには、人々の心の闇《やみ》は深まる一方ではないかと思うのです。

★今こそ「貧幸」に目覚めるべきとき

日本経済が今のように悪化しているときに、こういう発言は誤解を招くかもしれませんが、果たしてこの国は、これまでのように先進国である必要があるのでしょうか？　これ以上経済的に豊かになったところで、人の心が貧しく、生きていることがつらくなるなら本末転倒ではないでしょうか。すでにこの国は、モノにあふれすぎています。私などからすれば、モノに押しつぶされてしまいそうにさえ感じられます。家の中を見渡してみても、モノにあふれ、モノが住んでいるのか人が住んでいるのかわからないようなお宅も多いように思うのです。

ヨーロッパなどは、質素倹約をする気質なのか、家の中もシンプルでそれがかえって美しかったりもします。私が若いころたびたび訪れていたイギリスでは、質素ながらも生活を楽しむ心のゆとりがありました。たとえば、ひとり一品ずつ持ち寄ってホームパーティーを開いたりして、限られたなかで工夫して、豊かに暮らしていました。モノはなくても幸せになれるものなのです。いえ、本当の幸せはむしろ、モノに隷属しない生き方をすること。モノではなく、人が生きていなければ何の意味もありません。

たとえ「これさえあれば幸せ」と思うものを手に入れたとしても、それで満足することはまずありません。また新しい何かに欲が出るものです。それに、本当はモノが欲しいのではないのに、誤作動《ごさどう》を起こしていることもあります。たとえばこれは女性に多いのですが、「ブランド物のバッグがほしい」と躍起になるのは、人から注目されたいという動機だったりする。モノはひとつのきっかけで、「いいバッグね」と声をかけてもらうのを待っていたりするのです。要するに、本当にほしいのは、人と交流することや豊かな人間関係のほうなのに、モノで人を釣ろうとしているわけです。コミュニケーションが苦手な時代ゆえにこうした誤作動が起き、「モノがあるほうが幸せなんだ」という勘違いをもたらしているのです。

物質主義的価値観から脱しなければ、心の幸せはありません。モノが基準だと、いつまでも人と比べて幸せを計ってしまいます。モノや地位、名誉を持っていないのは負け組。リストラされたら人生おしまい。――そんなふうにモノで人の価値を決める発想はもう時代遅れです。モノを秤《はかり》にして優劣を決めるような悪しき流れを、今こそ絶たなければならないと思うのです。そうしなければ、生きる希望をなくす人、挫折する人、死を選ぼうとする人を減らすことはできないでしょう。

便利という名の〝怠惰〟にだまされないでください。たとえモノがなく、貧しくても、心豊かに生きることは絶対にできます。家族や親しい人と向き合うときに、心を裸にして、苦しい現状をつぶさに言うことができる絆《きずな》があれば、どんな苦境も乗り越えられます。

物質的には貧しくとも、心は幸せという〝貧幸〟に目覚めることが、今こそ求められているのです。

★人生を生き抜くための5箇条

1　人生は勝ち負けではない

人生は勝ち負けや優劣で計るものではない。また、ときには「負けるが勝ち」

「逃げるが勝ち」ということもある。どうしても苦しいなら、負ける道を選ぶのも勇気ある英断。

2　自己破産も考えていい、人生はそこで終わらない

一度や二度の失敗は誰にでもある。本当に極限に達したなら、行政の手を借りたり、自己破産するのもひとつの選択。たとえみじめでも、あとから挽回《ばんかい》することは必ずできる。

3　その便利は、心を助けるものか、ただの「怠惰」かを見極める

世の中にある便利なものは、ただ自分が楽をしたいだけのものが多い。本当に必要な便利かを見極め、他人がどう思おうと、自分は「この便利は使わない」とコントロールすることも大事。

4　会話をすることでセルフカウンセリングをする

悩むことがあったら、たとえ公園に出向いてでも誰かと会話をしよう。人と話すうちに自分の中で考えが整理されて、解決策を見いだせる。ひとりで抱え込まず、やることをやったうえでなら、人に頼るのは依存ではない。

5　家は〝旅館〟ではない、ありのままの「裸」を見せること

家族に遠慮して自分だけが我慢したり、全責任をとろうとしない。家は旅館ではないのだから、〝サービス〟をする必要はない。それよりも、苦しい時ほどありのままの事情を話せるような心の交流をつねに持とう。

あとがき

私もかつて自殺を考えたことのある人間です。十代の後半、私の人生はまさに四面楚歌《しめんそか》でした。両親はすでに他界し、七つ年上の姉は嫁《とつ》いでいたため、十六歳にして実生活のうえでは天涯孤独の身と同然でした。現実のすべてを一人でまかなっていくには、私はあまりに幼すぎました。精神的にも物質的にもつねに挫折《ざせつ》の連続で、生きていく気力すら失いました。「豊かな時代になぜ自分ばかりが」と、天をも恨《うら》む気持ちでいっぱいでした。そのうえ人からは理解されない激しい超常現象までも体験し、まるでたった一人、この世の中から見放された思いでした。

今だから言えることですが、何度自殺未遂《みすい》を起こしたことでしょう。あるときは孤独に耐え切れず、ビルの屋上にまで上りました。またあるときは刃物でみずからの腹を刺そうとしました。死だけが、生きる苦しみから解き放たれる唯一の希望だったのです。私の住む東京という大都会には、誰にも知られずひっそりとこの世を去るにはじゅうぶん過ぎる孤独がありました。

しかしそこへ、「いのちの恩人」とも呼べる友人たちとの出会いがあったのです。彼らは私に執拗《しつよう》なまでに援助の手を差し向けてくれました。私の様子がおかしいと思えば、いつでも飛んできてくれました。精神的に一番追い詰められていたときには、合宿のように集《つど》って二十四時間一緒にいてくれました。彼らの家族のような愛情のおかげで、私の自殺は未遂に終わったのです。

自殺を考えている、ほとんどの人の苦しみは「孤独」です。かつてマザー・テレサが言いました。「パンに飢えている人にはパンを与えればいい。しかし愛に飢えている人は深刻《しんこく》である」と。私もみずからの経験を踏まえて読者にいつも訴えています。人は「愛の電池」が充電されてこそ生きられます、と。人がいのちの輝きを放てないときは、「愛の電池」が切れているときなのです。拒食症や過食症、ショッピングシンドローム、アルコール依存症、そのどれもが、愛がほしい気持ちの誤《ご》作動《さどう》なのです。本当にほしいのは物ではなく「愛」なのだと思います。

　私も愛に飢え、自殺を願うという誤作動を起こしました。しかし、幸いにも出会えた友人たちに「愛の電池」を充電してもらったおかげで、今もこのいのちはしっかりと作動しています。

「プライド」とは、「みずからに与えられた愛を守り抜くこと」であると、私は確信しています。人は真の愛を得ると強く生きられるのです。自分に注がれた愛を決して裏切れないという思いが、自分本来の力を超えた「強さ」になるのです。

　みなが疲弊《ひへい》している今の時代、見返りを求めずひたすら相手を愛する「無償の愛」の力が薄らいでいるように感じます。そして「人はなぜ生まれ、いかに生きるべきなのか」という、「生きることの真理」をも、人々は見失っているようです。目的もわからず生きる人生は虚《むな》しいものです。生きることの真理を理解し、愛の力を得てこそ、人は強く輝く人生を歩めるのです。

　本書をよりいっそう深いものとするために、対談というかたちでお力を賜った横湯園子先生にこの場をお借りして御礼申し上げます。本書により、苦しみの中にいる人がひとりでも多く、自身に向けられたさまざまな愛に気づけますようにとお祈りいたしております。

江原啓之

＊現在（二〇〇九年八月）、個人カウンセリングおよびお手紙やお電話でのご相談はお受けしておりません。

本書は二〇〇五年四月、集英社より刊行されました。
文庫化にあたり「緊急提言」の章を加筆しました。

集英社文庫

スピリチュアル・カウンセラーからの提言《ていげん》　いのちが危《あぶ》ない！

2009年8月25日　第1刷
2025年6月22日　第3刷

定価はカバーに表示してあります。

著　者　江原啓之《えはらひろゆき》

発行者　樋口尚也

発行所　株式会社　集英社
東京都千代田区一ツ橋2-5-10　〒101-8050
電話　【編集部】03-3230-6095
【読者係】03-3230-6080
【販売部】03-3230-6393（書店専用）

印　刷　株式会社DNP出版プロダクツ

製　本　株式会社DNP出版プロダクツ

フォーマットデザイン　アリヤマデザインストア　　マークデザイン　居山浩二

ISBN978-4-08-746466-5 C0195